新 能 源 与
智 能 汽 车 技 术 丛书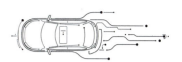

All-Wheel Independent Drive Technology
for Electric Vehicle

电动汽车分布式驱动控制技术

田晋跃 著

化学工业出版社
·北京·

内容简介

本书对电动汽车分布式驱动控制技术进行了详细介绍，主要介绍了分布式驱动电动汽车行驶状态估计、稳定性转矩控制、电机驱动的转矩控制、实现电子差速转向的基本要求和设计方法等。内容涵盖分布式驱动电动汽车总体设计、结构原理、参数及匹配计算方法、车辆行驶状态估计、驱动防滑控制、驱动转矩控制技术、电子差速控制技术、节能性驱动转矩控制策略、驱动故障补偿控制和轮毂电机热分析等。

本书内容深入浅出，结合实际，便于读者学习，可供大专院校车辆工程等专业师生和科研单位、工厂等有关工程技术人员参考使用。

图书在版编目（CIP）数据

电动汽车分布式驱动控制技术/田晋跃著.—北京：化学工业出版社，2022.11

（新能源与智能汽车技术丛书）

ISBN 978-7-122-42233-0

Ⅰ.①电⋯　Ⅱ.①田⋯　Ⅲ.①电动汽车-控制系统　Ⅳ.①U469.72

中国版本图书馆 CIP 数据核字（2022）第 175965 号

责任编辑：黄　滢　张燕文　　　　　　　装帧设计：王晓宇

责任校对：边　涛

出版发行：化学工业出版社（北京市东城区青年湖南街 13 号　邮政编码 100011）
印　　装：大厂聚鑫印刷有限责任公司
787mm×1092mm　1/16　印张 11¾　字数 269 千字　2023 年 1 月北京第 1 版第 1 次印刷

购书咨询：010-64518888　　　　　　　　　　售后服务：010-64518899
网　　址：http://www.cip.com.cn

凡购买本书，如有缺损质量问题，本社销售中心负责调换。

定　　价：128.00 元　　　　　　　　　　　　　版权所有　违者必究

前言
PREFACE

本书是为车辆工程及相关专业方向的从业人员编写的。

电动汽车分布式驱动取消了传统汽车复杂的传动系统,大大简化了底盘结构,具备更多可控自由度,但各驱动轮协调控制的难度增加。本书的编写目的是使相关行业从业人员了解分布式驱动电动汽车的基本工作原理,基于车辆动力学基本理论,帮助读者掌握和运用分布式驱动电动汽车的控制技术。

本书详细介绍了分布式驱动电动汽车行驶状态估计、稳定性转矩控制、电机驱动的转矩控制、实现电子差速转向的基本要求和设计方法等。内容涵盖分布式驱动电动汽车总体设计、结构原理、参数及匹配计算方法、车辆行驶状态估计、驱动防滑控制、驱动转矩控制技术、电子差速控制技术、节能性驱动转矩控制策略、驱动故障补偿控制和轮毂电机热分析等。

本书共 11 章。第 1 章主要介绍电动汽车分布式驱动控制技术的产生与发展,以及电动汽车分布式驱动的分类。第 2 章介绍电动汽车的动力学基础,以及分布式驱动电动汽车的主要技术性能和相关参数指标。第 3 章介绍分布式电驱动系统的集中布置驱动桥和轮毂/轮边电驱动系统的结构和工作原理。第 4 章介绍电动汽车驱动电机、动力电池参数匹配的思路和方法。第 5 章主要介绍基于卡尔曼滤波的分布式驱动电动汽车状态估计的方法。第 6 章介绍分布式驱动电动汽车通过独立、精确地控制各个电机的驱动和制动转矩,为车辆实现操纵稳定性控制提供硬件基础。第 7 章介绍分布式驱动电动汽车差速实现的机理,以及控制方法。第 8 章介绍分布式驱动电动汽车驱动防滑控制方案,以及控制方法。第 9 章介绍利用四轮转矩独立控制的特点,减少系统能量消耗的方法。第 10 章介绍分布式驱动电动汽车执行器故障分类,以及发生单个执行器未知故障的控制原则和执行器故障补偿设计思路。第 11 章简单介绍电动汽车轮毂电机热损耗,以及轮毂电机温度场分析。

本书的编写特点如下:紧密结合工程应用的基本要求,内容完整系统、重点突出,所用资料力求更新、更准确地解读问题点;在注重电动汽车分布式驱动控制技术知识的同时，强调知识的应用性，具有较强的针对性。

笔者近年来一直从事车辆工程的实用技术研究，本书系统分析并论述了电动汽车分布式驱动技术，希望本书可以为推动我国汽车工程行业的技术进步贡献一份力量，并对广大读者有所帮助。

在本书编写过程中，引用了研究生郑师虔和孟腾飞的研究论文的部分数据，并参考了相关国内外文献资料，在此一并表示深深的谢意。

著　者

目录

第1章　绪论 ··· 001
 1.1　分布式驱动电动汽车简介 ·· 002
 1.2　分布式驱动电动汽车驱动的关键技术 ·································· 005
  1.2.1　车辆行驶状态估计技术 ··· 005
  1.2.2　轮毂电机技术 ··· 006
  1.2.3　电子差速控制 ··· 008
  1.2.4　稳定性控制 ··· 009
  1.2.5　驱动防滑控制 ··· 010
  1.2.6　节能控制 ··· 011
 1.3　目前存在的问题 ·· 011

第2章　汽车的动力学基础及基本性能 ·· 013
 2.1　汽车的动力学 ·· 014
 2.2　汽车的行驶原理 ·· 018
  2.2.1　汽车行驶时的受力分析 ··· 018
  2.2.2　车轮滑转与附着特性 ··· 019
 2.3　分布式驱动电动汽车的转向性能 ······································ 021
  2.3.1　两轮转向时的阿克曼转向几何关系 ······························· 022
  2.3.2　四轮转向时的阿克曼转向几何关系 ······························· 023
  2.3.3　实际的阿克曼转向几何关系 ····································· 024
 2.4　汽车的操纵稳定性 ·· 025
  2.4.1　轮胎纵滑、侧偏联合工况下的滑转理论 ··························· 025
  2.4.2　轮胎滑转率和轮心速度 ··· 026
  2.4.3　驾驶员模型 ··· 027
  2.4.4　横摆角速度及质心侧偏角 ······································· 028
 2.5　分布式驱动电动汽车的制动性能 ······································ 029
  2.5.1　汽车制动过程 ··· 029

2.5.2　汽车制动性能评价指标 ··· 030
　　　2.5.3　分布式驱动电动汽车四轮制动力分配 ····································· 031

第3章　分布式驱动电动汽车的驱动系统结构 ··· 033

3.1　分布式驱动系统结构概述 ··· 034
　　　3.1.1　集中对置的轮边电机结构 ··· 036
　　　3.1.2　轮毂电机结构 ·· 038
3.2　电机结构原理 ··· 041
　　　3.2.1　直流电机 ·· 041
　　　3.2.2　交流三相感应电机 ·· 043
　　　3.2.3　永磁同步电机 ·· 044
3.3　行星轮系传动特性 ·· 047
3.4　集中驱动桥的结构与传动分析 ·· 049
3.5　分布式驱动的整车控制结构 ··· 051

第4章　分布式驱动电动汽车参数匹配 ··· 053

4.1　纯电动汽车动力性能及试验工况规定 ·· 054
4.2　纯电动汽车参数匹配 ·· 055
　　　4.2.1　电机转速与转矩匹配 ··· 056
　　　4.2.2　传动比参数匹配 ··· 057
　　　4.2.3　动力电池匹配 ·· 058
4.3　电机选型匹配 ··· 059
　　　4.3.1　电机功率确定 ·· 059
　　　4.3.2　电机转速设定 ·· 059
　　　4.3.3　电机转矩确定 ·· 060
4.4　分布式驱动电动汽车驱动功率动态匹配 ··· 060
　　　4.4.1　驱动功率动态匹配的必要性 ·· 061
　　　4.4.2　驱动功率动态匹配的方法 ··· 062
　　　4.4.3　基于效率最佳的转矩控制分配模型 ··· 062
　　　4.4.4　基于效率最佳的转矩控制分配原则 ··· 064

第5章　车辆行驶状态估计 ··· 066

5.1　基于卡尔曼滤波的车辆行驶状态估计 ·· 067
　　　5.1.1　卡尔曼滤波理论 ··· 067
　　　5.1.2　离散系统的卡尔曼滤波基本方程 ·· 068
　　　5.1.3　连续系统的卡尔曼滤波基本方程 ·· 069
5.2　卡尔曼滤波在 MATLAB 中的实现 ·· 071
5.3　车辆质心侧偏角的估计方法 ··· 072
　　　5.3.1　车辆模型的动力学方程 ·· 072
　　　5.3.2　混合观测器的系统组成 ·· 073
　　　5.3.3　车辆稳定性判别 ··· 076

5.3.4　模糊控制器权值计算 ·· 078
5.4　分布式电动汽车的质心侧偏特性与电机电流的关系 ······················ 079

第6章　分布式驱动电动汽车操纵稳定性的驱动转矩控制 ···················· 081

6.1　车辆稳定性控制目标参数分析 ·· 082
　　6.1.1　车辆稳定性表征参数 ·· 082
　　6.1.2　非线性车辆参考模型的建立 ··· 082
　　6.1.3　约束目标横摆角速度的确定 ··· 084
6.2　基于改进滑模控制算法的横摆力矩控制器设计 ·································· 085
　　6.2.1　滑模控制理论分析 ·· 085
　　6.2.2　横摆力矩控制器设计 ·· 087
　　6.2.3　基于RBF神经网络的横摆力矩控制器的改进 ······························· 088
6.3　驱动力矩分配控制策略设计 ··· 090
6.4　转向工况下稳定性转矩控制仿真分析 ·· 091
　　6.4.1　仿真平台 ··· 091
　　6.4.2　仿真试验设计与分析 ·· 092

第7章　分布式驱动电动汽车的电子差速控制 ······································ 100

7.1　电子差速方案分析 ·· 101
　　7.1.1　差速的重要性 ·· 101
　　7.1.2　机械差速器原理 ·· 102
　　7.1.3　电子差速方案 ·· 103
7.2　电子差速控制策略 ·· 104
　　7.2.1　总体设计思路 ·· 104
　　7.2.2　车速估算 ··· 104
　　7.2.3　基于载荷的分配原则 ·· 105
　　7.2.4　基于转速约束的滑转修正 ·· 106
　　7.2.5　转矩分配模块 ·· 107
7.3　差速算法的建模 ·· 107
7.4　电子差速的设计 ·· 109
　　7.4.1　电子差速控制器硬件设计 ·· 110
　　7.4.2　电子差速控制器软件设计 ·· 111
　　7.4.3　系统软件架构 ·· 111
　　7.4.4　控制流程 ··· 112
　　7.4.5　底层开发与模型代码生成 ·· 113
7.5　电子差速仿真分析 ·· 114
　　7.5.1　50km/h双移线工况 ·· 114
　　7.5.2　120km/h双移线工况 ·· 115

第8章　基于车轮打滑状态估计的车辆驱动防滑控制 ··························· 117

8.1　分布式驱动电动汽车驱动防滑控制方案 ··· 118

8.2 模型跟踪控制 ………………………………………………………… 119
8.3 车轮滑转状态判断原理 ………………………………………………… 121
    8.3.1 基于车轮角加速度的车轮滑转状态判断原理 …………………… 121
    8.3.2 车轮滑转状态判断 ……………………………………………… 122
8.4 基于车轮滑转状态以及车轮角加速度的模糊控制算法 …………………… 124
    8.4.1 车轮角加速度控制阈值的选择 …………………………………… 124
    8.4.2 基于参数 dF_d/dF_m 的车轮滑转状态观测器 ……………………… 126
    8.4.3 基于参数 dF_d/dF_m 和车轮角加速度的驱动防滑模糊控制器设计 …………………………………………………………… 129
8.5 基于电动轮车纵向行驶安全性的驱动防滑控制系统的仿真试验 ……………………………………………………………… 131
    8.5.1 低附着路面的仿真分析 …………………………………………… 131
    8.5.2 中高附着路面的仿真分析 ………………………………………… 133
    8.5.3 对接路面仿真分析 ……………………………………………… 134
8.6 双参数输入模糊控制算法鲁棒性仿真试验 ………………………………… 136
    8.6.1 不同质量参数车辆在低附着路面上的仿真结果 ……………………… 136
    8.6.2 不同质量参数车辆在对接路面工况条件下的仿真结果 ……………… 137

第9章 分布式驱动电动汽车节能性驱动转矩控制策略 ……………………… 139

9.1 轮毂电机电动汽车系统能耗分析 …………………………………………… 140
9.2 轮毂电机台架试验 …………………………………………………………… 141
    9.2.1 轮毂电机试验台架工作原理 ……………………………………… 141
    9.2.2 轮毂电机特性试验设计 …………………………………………… 142
9.3 转矩节能优化分配算法研究 ………………………………………………… 142
    9.3.1 优化目标选择 …………………………………………………… 143
    9.3.2 约束条件确定 …………………………………………………… 143
    9.3.3 节能优化分配算法求解 …………………………………………… 144
9.4 直线工况下节能性转矩控制仿真分析 ……………………………………… 146
    9.4.1 基于 D2P 快速原型的底盘测功机台架试验介绍 ………………… 147
    9.4.2 试验结果分析 …………………………………………………… 149

第10章 分布式驱动电动汽车驱动故障补偿控制 …………………………… 152

10.1 分布式驱动电动汽车执行器故障分析 …………………………………… 153
    10.1.1 单电机故障 ……………………………………………………… 153
    10.1.2 双电机故障 ……………………………………………………… 154
10.2 电机故障模型 ……………………………………………………………… 155
    10.2.1 电机故障分析 …………………………………………………… 155
    10.2.2 发生单个执行器未知故障的控制原则 …………………………… 157
10.3 执行器故障补偿设计 ……………………………………………………… 157
    10.3.1 Backstepping 控制设计 ………………………………………… 158
    10.3.2 自适应故障补偿设计 …………………………………………… 158

10.3.3 性能分析 ··· 162

第11章 电动汽车轮毂电机热分析 ·· 164
11.1 轮毂电机热损耗分析 ·· 165
11.2 轮毂电机温度场 ·· 168
11.2.1 轮毂电机温度场传热分析 ·· 169
11.2.2 轮毂电机温度场分析 ·· 170
11.3 轮毂电机冷却分析 ·· 172
11.4 轮毂电机液冷结构分析 ·· 174
11.4.1 轮毂电机液冷管道结构 ·· 174
11.4.2 液体冷却结构进、出口压差分析 ···································· 175
11.4.3 冷却管道冷却液流速确定 ·· 175
11.4.4 冷却系统流场模型 ·· 176

参考文献 ··· 177

第 1 章

绪论

1.1　分布式驱动电动汽车简介
1.2　分布式驱动电动汽车驱动的关键技术
1.3　目前存在的问题

在产品结构上，分布式驱动电动汽车与传统电动汽车不同：分布式驱动电动汽车省去了离合器、变速器、传动轴、差速器乃至分动器等部件，减轻了车身的重量，车辆结构变得更加简单，还可以获得更好的空间利用率，同时增加了传动效率；采用分布式驱动的电动汽车每个车轮都是一个独立的驱动单元，在特定的工况下，其转矩控制变得更加灵活，可以轻易实现某些传统电动汽车难以实现的功能，如通过实时调控各轮转矩来实现直接横摆力矩控制，提升车辆的操纵稳定性；由于电机控制响应速度快而精确，对于提升整车的主动安全控制也具有重要的意义。

1.1 分布式驱动电动汽车简介

分布式驱动电动汽车采用多电机驱动，相比于单电机集中驱动电动汽车在车辆动力性、稳定性、经济性等方面都具有潜力。

电动汽车分布式驱动按照电机安装布局方式可分为轮边电机驱动和轮毂电机驱动。由于轮毂电机有不少目前尚未克服的技术瓶颈，采用轮边电机方案实用性更强。轮边电机驱动[图 1-1(a)]是将驱动电机安装在轮边，通过电机轴和减速装置将电机与轮毂相连。轮毂电机驱动[图 1-1(b)]是直接将电机嵌入轮毂内，电机可直接驱动车轮前进。

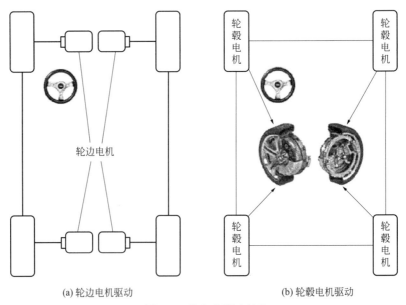

(a) 轮边电机驱动　　　　　　(b) 轮毂电机驱动

图 1-1　分布式驱动结构

轮边电机技术就是将集成了减速器的电机总成直接布置在轮毂中，由四个轮边电机直接驱动四个车轮，相比传统电动汽车而言，轮边电机技术省去了差速器、半轴甚至二级变速装置，这让它可以灵活地布置于各类电动汽车的车轮中，直接驱动轮毂旋转。与内燃机、单电机等传统集中驱动方式相比，其在动力配置、传动结构、操控性能、能源利用等方面的技术优势和特点极为明显。

图 1-2 所示为轮边电机安装示意，电驱动系统将电力从车载电源传输到连接至轮边电机的线圈，电机驱动减速机构，带动车轮转动。

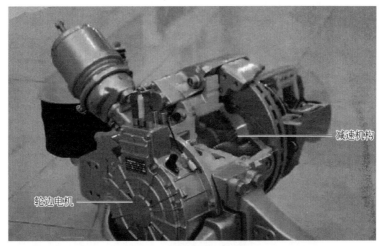

图 1-2　轮边电机安装示意

轮毂电机并不是最近几年才有的概念，费迪南德·保时捷在 1900 年就已经制造出了第一辆装备轮毂电机的名为"Lohner-Porsche"的混动汽车，如图 1-3 所示。

图 1-3　"Lohner-Porsche"混动汽车

随着电动汽车的发展，国内外汽车厂家与高校重新对轮毂电机技术进行研究。直到 20 世纪 70 年代，军工或一些矿山特种车辆才开始广泛应用轮毂电机技术。在民用领域的乘用车和商用车方面，2005 年通用公司研发出了装备有轮毂电机的电动汽车，并在次年的北美国际车展上亮相，虽然这仅仅只是一款概念车，但是预示着轮毂电机技术已经逐渐成熟。2016 年 E-Traction 公司利用先进的轮毂电机技术，成功地将传统汽车 DAFLF 底盘机械装置改装成轮毂电机底盘控制系统。2017 年上海国际车展上，BJ80 车型备受关注，该车装备了由世界电驱动技术公司 Protean Electric 提供的轮毂电机与一套牵引力控制、起步控制和转矩控制系统，提高了汽车的操纵性和动力性。

图 1-4 所示为轮毂电机驱动的底盘示意。图 1-5 所示为轮毂电机结构示意，图 1-5(a) 采用盘式制动器结构，图 1-5(b) 采用鼓式制动器结构。

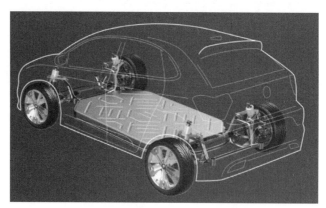

图 1-4　轮毂电机驱动的底盘示意

轮毂电机电动汽车可以做到真正意义上的直接驱动，是一种颠覆式创新。驱动总成结构很大程度上被简化，传统变速器、驱动轴、差速器等机械装置都将被淘汰，车辆空间利用率得到提高。

由于轮毂电机分别分布在车辆的三个方向，体积与质量相对较为分散，无疑对整车的轴载荷分配提供了便利，而且整车布置灵活度较高。

在驱动转矩控制分配方面，车辆轮毂电机驱动转矩的形式不同于普通电动汽车和传统汽车依靠机械差速器实现转矩比例分配的形式，四个轮毂电机均由线控调节，彼此相互独立，驱动转矩控制器可以根据不同行驶状态协调分配车

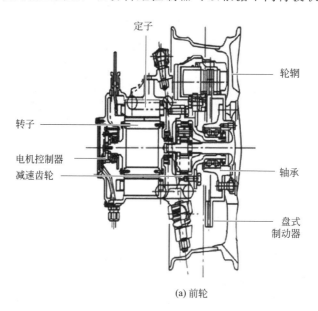

(a) 前轮

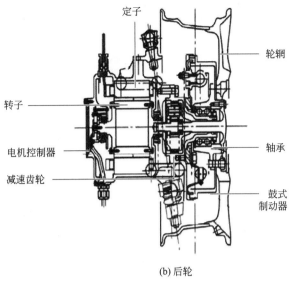

(b) 后轮

图 1-5　轮毂电机结构示意

轮转矩。

在稳定性控制方面，轮毂电机电动汽车驱动电机转矩响应较快，可以连续不断地调整四轮驱动力产生主动横摆力矩，不仅能够改善车辆的转弯特性，遇到危险情况时，还可以降低车辆失稳风险。

在节能控制方面，轮毂电机电动汽车具有优越性，合理分布轮毂电机驱动工作点，保证电机高效率运转，可极大地减少不必要的能量损失，一定程度上弥补了电动汽车续驶里程短的问题。

轮毂电机电动汽车驱动控制不同于传统底盘驱动系统，其集成度较高，具有更多的操纵与控制自由度。只有按轮毂电机驱动系统的驱动特性重新设计整车驱动控制策略，才能完全体现出轮毂电机的优势。目前驱动控制技术尚未完善，这将很大程度上阻碍轮毂电机车辆的进一步发展。一旦突破这些技术困难，轮毂电机电动汽车将拥有无限的市场前景。

1.2　分布式驱动电动汽车驱动的关键技术

分布式驱动电动汽车四轮均由电机独立驱动，对车辆动力学性能的提高具有很大的潜力。近年来国内外学者关于驱动力控制方向的研究主要可以概括为以下几点。

1.2.1　车辆行驶状态估计技术

纵向车速、侧向加速度、质心侧偏角是表征车辆行驶状态的主要参数，对车辆参数实时精确估计是提升车辆控制效果的基础。车辆状态参数估计一般可分为基于运动学的车辆参数估计和基于运动学与动力学融合的车辆参数估计。状态的估计主要依赖车辆姿态传感器和估计控制器完成，如图1-6所示。

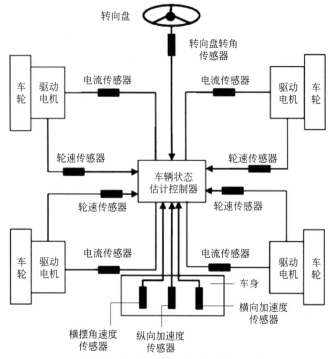

图1-6　车辆姿态估计硬件结构示意

基于运动学的车辆参数估计方法是根据车辆自身状态的运动学关系，利用车辆可直接测量的状态信息来对不可直接测量的运动状态信息进行估计。该方法的优势在于不需要使用车辆理想的线性模型，但同时采用这一方法在某些情况下会产生误差，影响参数估计精度。有学者利用车辆状态参数之间的关系，对质心侧偏角速度直接积分得到车辆质心侧偏角的估计值。这种车辆状态估计方法对车辆传感器精度要求较高，且在对传感器数据进行积分时，也会对车辆噪声等信号进行积分，会导致车辆估计数据误差不断变大，无法获得准确的车辆信息。

基于车辆运动学与动力学融合的车辆参数估计是根据车辆动力学模型来对车辆行驶参数进行估计。这种方法对车辆模型具有依赖性，但同时在复杂工况下，该方法效果显著，能够准确估计车辆状态，并提升数据估计精度。根据融合方式的不同，又可分为估计过程的融合和估计结果的融合。卡尔曼滤波算法是一种数值估计优化方法，同时还可去除噪声对车辆系统的影响，是目前车辆状态参数估计的一种常用方法。此外，常用方法还有扩展卡尔曼滤波算法、容积卡尔曼滤波算法、无迹卡尔曼滤波算法等。

1.2.2　轮毂电机技术

轮毂电机技术是目前最先进的电动汽车驱动技术，该技术最大的特点是驱动电机被设计安装在新能源车辆的车轮内部，舍弃传统车辆的机械传动系统部件如离合器、减速器和传动桥等，使采用该技术的车辆传动结构得到简化。图 1-7 中的结构集成了嵌入式主动悬架、驱动电机、悬挂电机以及盘式制动器，但该电动轮至今未得到量产。

图 1-7　轮毂电机的轮毂结构

轮毂电机驱动方式相较于目前主流的集中电机驱动方式拥有显著优势，其最大的特点是把驱动、制动以及传动装置全部整合到车轮轮毂中，简化了运用该技术新能源车辆的底盘结构，车内布置空间得到进一步增大，乘坐舒适度进一步提升，尤其在城市客车系统应用方面，轮毂电机的特性保证了城市客车结构可以满足宽通道、低地板的设计要求，为乘客上下车提供更多便利（图 1-8）。

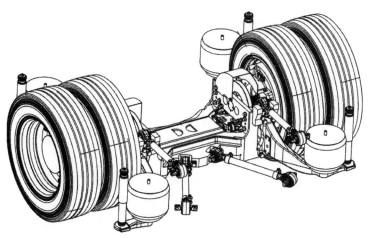

图 1-8　轮毂电机技术在客车上的应用

轮毂电机安装在狭小的轮毂空间内，使电机系统受温升、磁场饱和、路面激励（振动、冲击）、转矩波动、负载突变等因素影响显著，严重制约着轮毂电机的控制性能。引入轮毂电机，汽车非簧载质量增加，降低了汽车的平顺性和安全性。

1.2.3 电子差速控制

轮毂电机电动汽车省略了传统差速器，国内外学者针对转向差速这一问题，利用轮毂电机电动汽车四轮转矩可以独立控制的特点，提出了一种电子差速控制方法。这种方法利用电子控制器，协调分配四轮电机驱动转矩，使内、外侧车轮形成转速差，从而达到转向的目的。

图1-9所示为单桥双电机独立驱动的结构示意，转向通过电机控制器控制两侧的电机转速实现。每个电机单侧各有一套行星齿轮减速器，取消了机械差速器。两个电机、控制器通过并联的冷却系统实现冷却。

图1-9 单桥双电机独立驱动的结构示意

电子差速器通常利用转向角与踏板装置的输入，以一个车轮作为标定车速，通过Ackermann转向模型计算各车轮需求转速，并以与实际车轮转速的偏差作为系统的控制目标，采用控制理论如PID控制、滑模变结构控制、神经网络来调整驱动车轮输出转矩，达到四轮差速行驶的目的。但是实际应用中，Ackermann转向模型只能反映轮速之间的线性关系，忽略了车轮侧偏与惯性力，并没有考虑到轮胎的非线性特性，一旦车辆速度过大或存在外部环境干扰，控制策略将会失效。基于此，国外学者Lee等人利用神经网络算法对转向过程中的非线性特性进行自学习获得车轮的期望转速，模拟人工智能，基本解决了因为线性约束造成目标车轮转速不合理，从而导致单个车轮滑转的问题，并在道路试验中得到验证。Francisco-J、Perez-Pinal等人研发出一套虚拟的主控制器，在对期望转速进行跟踪的过程中，通过检测车辆外部扰动，实时对车轮驱动转矩进行调整，车辆瞬态响应品质得到了提高。虽然很多学者利用一些控制算法，可以在一定程度上弥补Ackermann模型的不足，但是由于系统过于复杂，会存在响应时间较长的问题。

不同于转速控制，国内学者对Ackermann转向模型进行分析，指出通过该模型对车轮转速进行限制的不足，实际系统稍有误差，将会导致车轮滑转，并在此基础上提出转向过程中只需对车轮转矩进行控制，保证车轮转矩不超过路面可提供的最大摩擦力即可实现差速行驶，最后通过仿真和实车试验验证了这种说法。在轮毂电机电动汽车的研究过程中，提出了参考轮胎滑转率对电机驱动转矩进行分配转速随动的控制策略，运用相关试验验证了其可行性。

电子差速技术日益成熟，在直接转矩控制系统的设计中加入汽车动力学控制，不仅可以实现车辆的差速行驶，同时车辆转弯性能与稳定性也可以得到改善。

1.2.4 稳定性控制

为避免车辆各控制系统产生耦合，可将车辆控制分为纵向控制和横向控制。纵向控制主要包括驱动防滑控制、制动力控制等控制方式。横向控制主要包括电子差速控制、直接横摆力矩控制等控制方式，目前以直接横摆力矩控制为主。协调车辆的纵、横向控制系统是车辆稳定性控制的关键，现在的研究方向是将纵向和横向控制器分开设计，以降低系统之间的影响。

目前在分布式驱动（轮毂电机）电动汽车稳定性控制理论研究方面，大多采用分层控制的方法，如图1-10所示。

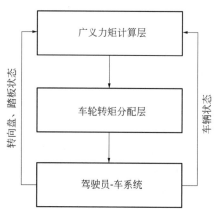

图1-10　分布式驱动电动汽车的分层控制

广义力矩计算层主要依据车辆行驶状态，通过参考模型对车辆所需横摆力矩与驱动转矩进行计算。在该层控制器的设计中控制变量常常选用质心侧偏角与横摆角速度单独控制或者联合控制。在分析车辆质心侧偏角与横摆力矩关系的基础上，提出 β-method，计算最佳横摆力矩。基于车辆线性二自由度模型，根据驾驶员对车速与车轮转角的输入得到期望横摆角速度作为控制变量。但是从仿真结果来看，这两种方法并不能很好地保证车辆的稳定行驶，这是因为仅仅对横摆角速度或者质心侧偏角单独进行控制，并不能保证两者都能达到最佳值，两者之间存在耦合关系，尤其在一些极端的状况下，如果通过主动横摆力矩将横摆角速度调整到最佳状态，此时便会导致质心侧偏角的急剧恶化。另外，也有很多学者对稳定性控制算法进行研究。利用滑模控制算法，选用质心侧偏角与横摆角速度作为控制变量，在系统控制中将纵向车速的变化也考虑在内，仿真结果显示滑模控制算法可以很好地提高车辆的稳定性，并具有较高的鲁棒性。

车轮转矩分配层在稳定性控制系统中起着重要的作用，四个轮毂电机驱动转矩分配的好坏直接影响着整个系统的控制效果。目前主要分为以下两种方案。

① 基于规则的驱动力分配方案。该分配方法较简单，在车辆存在转矩需求的情况下，直接按照规则进行四轮驱动转矩的分配。采用平均分配的方法分配车辆当前所需驱动转矩与横摆力矩。在实际应用中虽然该方法计算量较小，较容易实现，但其并没有考虑到单个车轮的运行状态如滑转率、垂直载荷等，控制效果一般。

② 基于目标优化的驱动力分配方案。由于控制目标一般只包括驾驶员需求的驱动转矩与横摆力矩，而转矩执行机构则为四个轮毂电机，这是一种典型的过驱动系统配置。因此，很多学者将转矩分配问题作为多目标优化问题去处理，通过单个车轮的受力状况设计不同的目标函数，以电机执行能力与路面附着力进行约束，从而求解得出各个轮毂电机的最优驱动转矩。国外学者 Masato Abe 基于轮胎摩擦椭圆首次提出轮胎附着裕度这一概念，依据不同车轮所受侧向力与垂直载荷的大小对车辆驱动转矩进行分配，但是并没有对轮毂电机的驱动能力进行限制，只是通过仿真进行验证。国外学者 Eiichi Ono 定义了轮胎的稳定性裕度，并以此设计控制目标，最后运用广义逆法对目标函数进行求解，但是在实际应用中求解过程较为繁琐，实时性较差。

1.2.5 驱动防滑控制

传统汽车在进行驱动防滑控制时主要是通过滑转率这一关键点来控制发动机、传动机构以及相关液压制动系统等来增减施加在车轮上的转矩，使车轮达到最佳地面附着性能。对于分布式驱动电动汽车来说，由于简化了传统汽车从发动机到车轮间一系列的动力传动部件，转由电机直接向车轮输出转矩，其响应速度将会远远快于传统汽车，同时只需通过电机就可以输出驱动和制动转矩的功能，要比传统汽车方便得多，所以可以看到在驱动防滑控制方面分布式驱动电动汽车确实更加具有优势。

车辆的驱动防滑控制是主动安全控制的一种形式，它能够在保证车辆安全行驶的前提下充分利用路面的附着力，分布式驱动电动汽车的驱动防滑控制是目前研究的热点和难点问题。

分布式驱动电动汽车的驱动防滑控制研究的重点在于通过对整车动力学特性进行分析，提出区别于传统车辆的基于加速度信号和电机信号的新的车辆行驶速度估计法。为了避免由于传感器噪声和整车参数波动对于估计精度的影响，采用自适应双无迹卡尔曼滤波估计法，算法在准确估计整车行驶速度的同时，能够实时地辨识整车的质量并对传感器的噪声信息进行估计和更新，从而提高了车速估计的精度。

在车速得以准确估计的基础上，以滑转率和附着系数为输入，采用模糊推理算法对比当前路面与四类标准路面的相似程度进行路面的辨识。为了避免传统模糊推理算法中隶属度函数和模糊规则需要人为制定的主观因素影响，采用自适应神经模糊控制完成了隶属度函数和模糊规则的自主学习。

1.2.6 节能控制

在分布式驱动电动汽车驱动控制的研究领域出现了一个全新的研究方向，即为驱动力节能控制。分布式驱动电动汽车最大的优势是能量回收系统，即当汽车制动、减速时能够回收能量，不仅在一定程度上可以增加续驶里程，能源利用率也会提升。电动汽车大多行驶在安全稳定的城市工况，四轮均由轮毂电机驱动，对于驾驶员对驱动/制动转矩的需求存在多种实现形式，在驱动力控制过程中考虑整车系统能耗这一维度，可以进一步减少分布式驱动电动汽车的能量损失。

相比于传统汽车，节能控制是分布式驱动电动汽车动力学控制特有的控制需求。节能控制主要通过两个方面实现：一是制动能量回收控制；二是驱动转矩分配控制。采用电子液压制动系统，与电机一起进行电液复合制动，可以回收制动能量，提高经济性。除此之外，由于电机不同工作点下的效率不同，所以通过合理分配车轮转矩，使电机尽量工作在高效点附近，也可以达到节能的目的。而转矩分配主要用于驱动时，制动时应该以回收制动能量最大为目标，电机制动时效率相对而言并不是最重要的。

分布式驱动电动汽车采用轮毂电机电驱动底盘，车轮驱动力的控制可只由电机及其控制系统完成，车轮制动力的控制可由电动机辅助液压制动系统完成。相对于传统汽车的动力系统，电机及其控制系统不仅易于控制，而且具有更好的响应特性（如更高的响应精度和更快的响应速度），便于车辆动力学实时控制系统的应用，同时还可与制动能量回收系统结合，以减少能源消耗。

1.3 目前存在的问题

① 在分布式驱动电动汽车电子差速控制中，车架直接连接四个驱动车轮，协调各个车轮之间的相互作用力，对于车轮之间的差速关系起着重要的作用。目前的研究中多基于 Ackermann 转向模型进行速度控制，或者直接利用汽车动力学进行转矩控制，并未发现把汽车车架考虑在内的整车研究方案。

② 稳定性控制一直是车辆动力学控制的重点，在控制参数的选择上多对横摆角速度进行控制，忽略了横摆角速度与质心侧偏角之间的耦合关系。轮毂电机集成化造成了簧载质量的减少、非簧载质量的增加，导致隔离振动性能下降，影响车辆行驶下的平稳性、舒适性、安全性。

③ 直线工况中合理地分配驱动转矩，可以在一定程度上减少整车系统能

耗，目前多利用电机效率 MAP 图设计目标函数，并通过离线求解的方法得出最优转矩分配系数。但是对于实际应用中，转矩分配瞬间电机转矩的变化会带来能量的损失与车辆机动性的影响并没有考虑。

④ 轮毂电机散热冷却能力有待考验，极其恶劣的工作环境对轮毂电机的密封防水、抗腐蚀、冷却散热都是非常大的挑战。当车辆行驶在大负荷低速爬长坡工况下，由于轮毂空间受限缘故，容易出现冷却不足的现象。

第 2 章

汽车的动力学基础及基本性能

2.1 汽车的动力学
2.2 汽车的行驶原理
2.3 分布式驱动电动汽车的转向性能
2.4 汽车的操纵稳定性
2.5 分布式驱动电动汽车的制动性能

动力学主要研究物体运动的变化与引起这些变化的各种因素，探索物体在空间的位置、速度等受到激励而产生变化的规律。因此，车辆动力学模型应该反映车辆位置、速度、加速度等与作用力的关系。学习分布式驱动电动汽车的动力学基础，可以基于动力学理论，研究在车辆轨迹改变过程中，依据车辆动力学和运动学的约束及规律，建立车辆动力学模型，分析汽车在行驶过程中打滑现象产生的原因以及产生的机理，汽车打滑主要是汽车动力系统与车轮、车轮与地面之间的一些汽车动力学问题，通过车辆动力学研究，完成设计分布式驱动电动汽车控制器，以满足分布式驱动电动汽车的工作性能要求。

2.1 汽车的动力学

(1) 车辆坐标定义

整车动力学模型是基于国际汽车工程师学会定义的汽车坐标系建立的，其中包括大地坐标系、车身坐标系和轮胎坐标系，根据研究对象的不同选择适当的坐标系可以简化数学模型，降低模型复杂程度。

图 2-1 所示为关于被研究汽车的三种坐标系，汽车轴测图采用分布式驱动电动汽车。

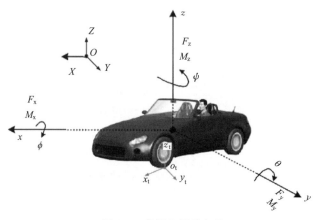

图 2-1 车辆坐标系定义

① 大地坐标系 $OXYZ$ 也称为惯性坐标系，用来描述汽车在空间中的位置、速度和行驶方向等信息。汽车质心在地面的投影为大地坐标系原点 O，沿汽车前进方向并且经过原点 O 的方向坐标轴为 X 轴，Z 轴经过 O 并竖直向上，Y 轴经过 O 并与 X 轴和 Y 轴正交，且符合 Z 轴至 X 轴的右手定则。

② 车身坐标系 $oxyz$ 用来描述车身运动特征，并随着汽车运动而移动。汽车质心为原点 o，x 轴、y 轴和 z 轴分别与车身纵向、侧向和垂向坐标轴重合，方向分别与前进方向、驾驶员左侧和重力相反方向一致。

③ 轮胎坐标系 $o_t x_t y_t z_t$ 用来描述轮胎的运动和受力。轮胎接触地面中心为轮胎坐标系原点 o_t，x_t 轴经过 o_t 并沿着车轮侧向截面与地面的交线指向汽车前

进方向，y_t 轴经过 o_t 并沿着车轮旋转轴线在地面的投影指向前进方向的左侧，z_t 轴经过 o_t 竖直向上。

（2）车身动力学及运动学方程

车身在空间中具有六个运动自由度，包括纵向、侧向和垂向位移以及横摆、侧倾和俯仰旋转运动。控制分布式驱动电动汽车的操纵稳定性，主要由汽车的侧向运动以及横摆运动体现，故在建模时考虑车身的纵向、侧向和横摆运动，汽车的纵向和侧向运动还会导致垂向载荷发生转移。另外，考虑到分布式驱动的特点，增加了四个车轮的旋转自由度。在此基础上对模型做出以下假设。

① 四个车轮的轮胎动力学特性相同，特征参数相同。
② 左、右前轮转角相同。
③ 前后轮距相同。
④ 不考虑悬架系统以及垂向运动的影响。

在对模型进行简化后的四轮独立驱动汽车七自由度动力学模型如图 2-2 所示。

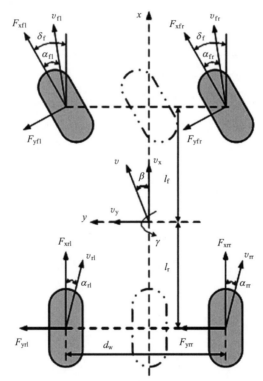

图 2-2 七自由度汽车模型

汽车模型的主要符号和参数见表 2-1。

表 2-1 汽车模型的主要符号及参数

参数	符号	单位
整车质量	m	kg
簧载质量	m_s	kg

续表

参数	符号	单位
纵向速度	v_x	m/s
侧向速度	v_y	m/s
横摆角速度	γ	rad/s
质心侧偏角	β	rad
侧倾角	ϕ	rad
绕 z 轴转动惯量	I_z	kg·m²
绕 x 轴转动惯量	I_x	kg·m²
车轮转动惯量	I_w	kg·m²
轮胎有效半径	R_w	m
轮距	d_w	m
质心到前轴距离	l_f	m
质心到后轴距离	l_r	m
空气阻力系数	C_D	
滚动阻力系数	f	
迎风面积	A	m²

以图 2-2 所示的驾驶员左侧转向为正，建立车身动力学方程。根据牛顿第二定律可得纵向动力学运动方程为

$$ma_x - m_s h_{CGs}\gamma\dot{\phi} = F_{xfl}\cos\delta_f - F_{yfl}\sin\delta_f + F_{yfl}\cos\delta_f - F_{xfr}\sin\delta_f + F_{xrl} + F_{xrr} - fmg - \frac{C_D A v_x^2}{21.25} \tag{2-1}$$

侧向动力学运动方程为

$$ma_y - m_s h_{CGs}\ddot{\phi} = F_{xfl}\sin\delta_f + F_{yfl}\cos\delta_f + F_{xfr}\sin\delta_f + F_{yfr}\cos\delta_f + F_{yrl} + F_{yrr} \tag{2-2}$$

式中，a_x 为大地坐标系下汽车的纵向加速度；a_y 为大地坐标系下汽车的侧向加速度；F_{xfl}、F_{xfr}、F_{xrl}、F_{xrr} 及 F_{yfl}、F_{yfr}、F_{yrl}、F_{yrr} 为车身坐标系中的轮胎力。

横摆动力学方程为

$$I_z\dot{\gamma} - I_{xy}\ddot{\phi} = l_f(F_{yfl} + F_{yfr}) - l_r(F_{yrl} + F_{yrr}) + 0.5d_w(F_{xfr} - F_{xfl}) + 0.5d_w(F_{xrr} - F_{xrl}) \tag{2-3}$$

式中，I_{xy} 为簧载质量关于汽车坐标系 x 轴和 y 轴的转动惯量积。

大地坐标系下汽车的纵向、侧向加速度分别为

$$\begin{cases} a_x = v_x - v_y\gamma \\ a_y = v_y + v_x\gamma \end{cases} \tag{2-4}$$

分布式驱动电动汽车四个车轮拥有独立的驱动力和制动力输入，各个车轮的旋转动力学模型为

$$\begin{cases} I_w\dot{\omega}_{fl}=T_{fl}-T_{bfl}-T_{ffl}-R_wF_{xfl} \\ I_w\dot{\omega}_{fr}=T_{fr}-T_{bfr}-T_{ffr}-R_wF_{xfr} \\ I_w\dot{\omega}_{rl}=T_{rl}-T_{brl}-T_{frl}-R_wF_{xrl} \\ I_w\dot{\omega}_{rr}=T_{rr}-T_{brr}-T_{frr}-R_wF_{xrr} \end{cases} \quad (2-5)$$

式中，T_{fl}、T_{fr}、T_{rl}、T_{rr} 为车轮驱动转矩；T_{bfl}、T_{bfr}、T_{brl}、T_{brr} 为车轮制动转矩；T_{ffl}、T_{ffr}、T_{frl}、T_{frr} 为车轮滚动阻力矩。由于轮毂电机和轮毂安装在一起，因此轮毂电机驱动转矩可认为是车轮驱动转矩。

$$T=fF_zR_w \quad (2-6)$$

式(2-1)、式(2-3) 和式(2-5) 共同构成了七自由度车身动力学模型。其中，F_z 为车轮垂向载荷，垂向载荷不仅关系到车轮滚动动力学的计算，而且还关系到车身模型与轮胎模型的结合，转向或加速过程中会出现垂向载荷转移现象。

$$\begin{cases} F_{zfl}=\dfrac{mgl_r}{2l}-\dfrac{ma_xh}{2l}-\dfrac{ma_yl_rh}{ld_w}-\dfrac{1}{d_w}(C_{\phi f}\phi+B_{\phi f}\dot{\phi}) \\ F_{zfr}=\dfrac{mgl_r}{2l}-\dfrac{ma_xh}{2l}+\dfrac{ma_yl_rh}{ld_w}+\dfrac{1}{d_w}(C_{\phi f}\phi+B_{\phi f}\dot{\phi}) \\ F_{zrl}=\dfrac{mgl_f}{2l}+\dfrac{ma_xh}{2l}-\dfrac{ma_yl_fh}{ld_w}-\dfrac{1}{d_w}(C_{\phi r}\phi+B_{\phi r}\dot{\phi}) \\ F_{zrr}=\dfrac{mgl_f}{2l}+\dfrac{ma_xh}{2l}+\dfrac{ma_yl_fh}{Ld_w}+\dfrac{1}{d_w}(C_{\phi r}\phi+B_{\phi r}\dot{\phi}) \end{cases} \quad (2-7)$$

式中，$C_{\phi f}$ 为前轮的侧偏刚度；$C_{\phi r}$ 为后轮的侧偏刚度；$B_{\phi f}$ 为前轮绕 z 轴的转动惯量；$B_{\phi r}$ 为后轮绕 z 轴的转动惯量；$l=l_r+l_f$。

(3) 车轮运动方程

分布式驱动电动汽车四个车轮的轮心速度是计算滑转率的关键，而车轮转速可根据轮毂电机内的霍尔传感器获得。根据车身速度计算轮胎坐标系下各车轮中心速度，即

$$\begin{cases} v_{xwfl}=\left(v_x-\dfrac{d_w}{2}\gamma\right)\cos\delta_f+(v_y+l_f\gamma)\sin\delta_f \\ v_{ywfl}=(v_y+l_f\gamma)\cos\delta_f-\left(v_x+\dfrac{d_w}{2}\gamma\right)\sin\delta_f \\ v_{xwfr}=\left(v_x+\dfrac{d_w}{2}\gamma\right)\cos\delta_f+(v_y+l_f\gamma)\sin\delta_f \\ v_{ywfr}=(v_y+l_f\gamma)\cos\delta_f-\left(v_x+\dfrac{d_w}{2}\gamma\right)\sin\delta_f \end{cases} \quad (2-8)$$

$$\begin{cases} v_{xwrl}=v_x-\dfrac{d_w}{2}\gamma \\ v_{ywrl}=v_y-l_r\gamma \\ v_{xwrr}=v_x+\dfrac{d_w}{2}\gamma \\ v_{ywrr}=v_y+l_r\gamma \end{cases} \quad (2-9)$$

式中，v_{xwfl}、v_{xwfr}、v_{xwrl}、v_{xwrr} 为车轮中心沿 x 轴移动速度；v_{ywfl}、v_{ywfr}、v_{ywrl}、v_{ywrr} 为车轮中心沿 y 轴移动速度。

对于车轮，除了上述车身动力学方程中包含的空气作用力，轮胎作为汽车与路面直接接触的部件，轮胎力也是汽车动力学系统中受的唯一外力，精确的轮胎模型是分析汽车操纵稳定性的关键。以魔术轮胎 Magic Formula 为基础的经验轮胎模型，描述纵、侧向力的联合作用，体现不同驱动工况下的轮胎特性。轮胎受力如图 2-3 所示。

图 2-3　轮胎受力

2.2　汽车的行驶原理

2.2.1　汽车行驶时的受力分析

汽车实际运动时，车上的动力总成将产生的驱动转矩 T_d 作用在驱动轮上，而驱动轮则会产生一个对地面的作用力 F_f，同时地面会对驱动轮产生一个反作用力 F_d，力 F_d 通常称为驱动力。如图 2-4 所示。

当汽车行驶于水平路面时，除了会受到由电机传递到车轮的力之外，还要克服来自于地面的滚动阻力 F_f 和来自空气的空气阻力 F_w 的作用。除此之外，在汽车进行爬坡或者加速运动时，还将会受到坡度阻力 F_i 和加速阻力 F_j 的影响。

在汽车行驶时，汽车轮胎和路面之间存在滚动阻力，由于滚动阻力的作用，使轮胎和路面发生形变，显而易见，汽车轮胎的刚度要远远小于路面的刚度，所以在行驶过程中明显发生形变的也将是汽车轮胎。这种形变将会导致轮胎产生能量迟滞损失，而这些损失的能量将会以阻碍汽车行驶的阻力偶的形式表现

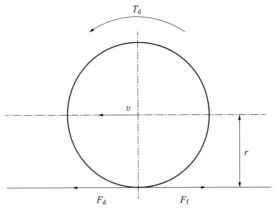

图 2-4 汽车行驶时所受驱动力

出来,通过物理学的平衡条件将这个阻力偶等效到车轮的旋转中心获得了一个新的力,把这个力称为汽车行驶过程中车轮所受到的滚动阻力,可由式(2-10)计算得到。

$$F_f = Wf \tag{2-10}$$

式中,W 为车轮负荷;f 为滚动阻力系数。

汽车在行驶过程中除了会受到路面阻碍汽车运动的滚动阻力外,各个方向上的空气同样会对车身产生一个作用力,把每个方向上空气的作用力在汽车行驶方向上的分力定义为汽车行驶时受到的空气阻力,可由式(2-11)计算得到。

$$F_w = \frac{C_D A v^2}{21.15} \tag{2-11}$$

式中,C_D 为空气阻力系数;A 为汽车迎风面积;v 为汽车的行驶速度。

汽车在某些具有一定坡度的路面上行驶时,还会存在一个坡道阻力,坡道阻力是由于道路坡度导致的汽车自身重力在行驶方向上产生的分力,可由式(2-12)计算得到。

$$F_i = G\sin\alpha = Gi \tag{2-12}$$

式中,G 为汽车所受的重力;i 为道路坡度的大小。

除此之外,在汽车加速行驶时,还会受到一个由于自身惯性阻碍汽车加速运动的力,称为加速阻力,可由式(2-13)计算得到。

$$F_j = \delta m \frac{dv}{dt} \tag{2-13}$$

最终确立的汽车行驶时受力平衡方程式为

$$F_d = F_f + F_w + F_i + F_j \tag{2-14}$$

2.2.2 车轮滑转与附着特性

在汽车的实际行驶过程中,汽车受到的实际驱动力并不单纯的只是输出的驱动力与车轮滚动半径的数学关系,还与汽车行驶的路面条件以及车轮与路面的附着关系息息相关。当汽车在路面条件良好的路面上行驶时,实际驱动力的大小与式(2-14)的计算方式相同，但当汽车在雨雪或者结冰路面上行驶时，车轮会发生滑转，这时过大的输出驱动力反而会导致车轮急剧滑转，不仅汽车的动力性能没有提高，还会有安全隐患。因此，车轮的滑转状态与汽车当前行驶的路面条件以及轮胎与路面之间的附着条件相关。

通常，把轮胎和路面之间的作用力的最大值称为附着力 F_φ。汽车的附着力大小一般通过路面附着系数 φ 以及作用在车轮旋转中心的法向力 F_z 计算得到。

$$F_{x\max}=F_\varphi=F_z\varphi \tag{2-15}$$

式中，附着系数 φ 的大小由当前汽车行驶的路面条件决定，同时也受汽车行驶速度的影响。由汽车驱动系统传递到轮胎上的驱动力 F_d 不能大于 F_φ，否则车轮就会发生滑转，即

$$F_d \leqslant F_z\varphi \tag{2-16}$$

这就是汽车行驶状况下的附着条件，也可以写为

$$\frac{F_d}{F_z} \leqslant \varphi \tag{2-17}$$

其中，F_d/F_z 被称为驱动轮的附着率，记为 $C_{\varphi z}$，它是衡量汽车行驶时附着性能的一个重要指标，是驱动轮发挥汽车驱动力且不发生滑转所要求的最低路面附着系数。

通过对汽车行驶状态的观察，以及相关的试验研究，发现车轮在运行过程中主要有三种状态，即纯滚动状态、边滚边滑状态和拖滑状态。为了在这种混合运动状况中对车轮的滑转状态进行准确描述，通常通过滑转率的大小来表示汽车在行驶过程中的打滑严重程度，如式(2-18)所示。

$$s=\begin{cases}\dfrac{\omega r-v}{\omega r}(\text{驱动工况})\\[2mm] \dfrac{v-\omega r}{\omega r}(\text{制动工况})\end{cases} \tag{2-18}$$

式中，ω 为车轮的旋转角速度；r 为车轮的滚动半径；v 为纵向车速。

只针对汽车行驶驱动工况条件进行分析，可以看到在驱动条件下，当汽车轮速与车速相同时，滑转率大小为零，此时车轮处于纯滚动状态；当滑转率大小为1时，说明此时汽车的实际纵向车速为零，汽车处于纯滑动状态；除去了这两种极端条件，发现汽车在行驶的绝大部分时间里车轮都是处于一种既有滚动又有滑动的状态，此时的滑转率 $s\in(0,1)$。

汽车实际行驶过程中车轮滑转率与路面附着系数之间存在着一定联系，通过大量的试验研究将这种关系转化成数学形式表达，如图2-5所示。

如图2-5所示，在小滑转率阶段（OM段），路面附着系数随着车轮滑转率的增大而增大。把 M 点时（曲线最高点，即纵向附着系数最大）纵向附着系数称为峰值附着系数，此时的滑转率记为 s_p。在 MN 段，路面附着系数随着车轮滑转率的增大而减小，并且当滑转率 s 接近于1时，纵向附着系数趋向于零。把滑转率 $s\in[0,s_p]$ 这一区间称为稳定区；把滑转率 $s\in[s_p,1]$ 这一区间称为非稳定区。如果单纯地从汽车的纵向运动来考虑行驶时的纵向驱动力，将车轮滑转率 s 控制在 s_p 附近最好。但是，在汽车的实际行驶过程中，不可能不受到侧

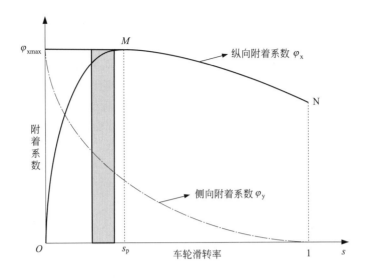

图 2-5 路面附着系数与车轮滑转率关系曲线

向力的作用，如果没有一定的侧向附着系数存在，那么汽车十分容易发生侧滑，这对汽车行驶来说是十分危险的，因此需要一定的车轮侧向附着系数来保证汽车行驶时的横向稳定性。综合汽车行驶时的侧向与纵向稳定性的要求，车轮滑转率 s 应取略小于 s_p 的位置（图 2-5 中铺灰部分），这样既可以保证有较大的纵向附着系数来提供较大的纵向驱动力，又可以保证有一定的侧向附着系数来防止侧滑现象的发生。通过大量试验研究得到 s 的大小取值范围一般在 [0.05, 0.20] 比较合适。

2.3 分布式驱动电动汽车的转向性能

分布式驱动电动汽车转向的实现有两个途径。其一为传统汽车电子转向系统，采用转向电机控制转向的方法，如图 2-6 所示。其二可以取消转向电机，采用直接使用无刷直流轮毂电机提供转向动力，控制各个车轮的转速，使车轮以不同速度转动，各车轮转速满足 Ackermann 转向模型条件，使电动汽车实现电子差速转向控制。

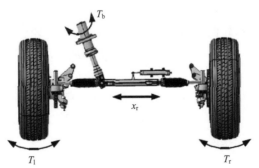

图 2-6 转向电机控制转向机构示意

转向运动学 Ackermann 模型，是独立控制四个车轮转速实现转向的理论基础。

为了避免汽车转向时产生路面对汽车行驶的附加阻力和轮胎过快磨损，要求转向系统能够保证在汽车转向时，所有的车轮均为纯滚动。显然，只有所有车轮的轴线都交于一点时才能实现，此交点 O 称为转向中心（图2-7），这样所有车轮转角必须满足一定的几何关系[式(2-19)]，该几何关系通常被称为阿克曼转向几何。

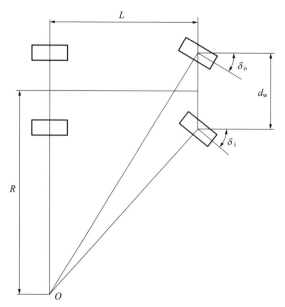

图 2-7 理想的两轮转向内、外侧车轮转角关系

2.3.1 两轮转向时的阿克曼转向几何关系

当分布式驱动电动汽车以较低车速转向时，所受的侧向力较小，可认为此时轮胎没有侧偏现象，因此两轮转向时的理想运动学几何关系（图2-7）为

$$\cot\delta_o - \cot\delta_i = d_w/L \tag{2-19}$$

式中，d_w 为轮距，mm；L 为轴距，mm；δ_o 为外侧车轮转角，rad；δ_i 为内侧车轮转角，rad。

若给定了车轮的转向半径 R，则内、外侧车轮转角分别为

$$\delta_o = \arctan[L/(R+d_w/2)] \tag{2-20}$$

$$\delta_i = \arctan[L/(R-d_w/2)] \tag{2-21}$$

当转角很小时，可近似认为 $\tan\delta = \delta$，则平均转角为

$$\delta = (\delta_o + \delta_i)/2 = L/[R - d_w^2/(4R)] \tag{2-22}$$

当转向半径较大时（$d_w \ll R$），平均转角为

$$\delta = L/R \tag{2-23}$$

前轮转向（FWS）时，转向中心在后轴上。而对于后轮转向（RWS）而

言，除了转向中心在前轴上以外，运动学特性与前轮转向相同。

2.3.2 四轮转向时的阿克曼转向几何关系

如图 2-8 所示，四轮转向（4WS）时的运动学关系为

$$\cot\delta_{of} - \cot\delta_{if} = \frac{d_w(1+i)}{L} \tag{2-24}$$

$$\cot\delta_{or} - \cot\delta_{ir} = \frac{d_w(1+i)}{Li} \tag{2-25}$$

式中，δ_{of} 为前轴外侧车轮转角，rad；δ_{if} 为前轴内侧车轮转角，rad；δ_{or} 为后轴外侧车轮转角，rad；δ_{ir} 为后轴内侧车轮转角，rad；i 为后、前轮转角之比。

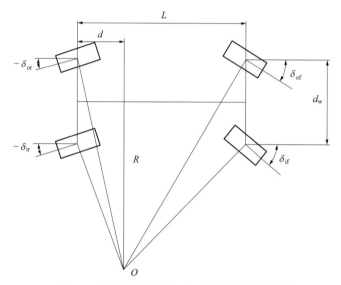

图 2-8 理想的四轮转向内、外侧车轮转角关系

对于给定的转向半径 R，其转角为

$$\begin{cases} \delta_{if} = \arctan\{L/[(1+i)(R-d_w/2)]\} \\ \delta_{ir} = \arctan\{L/[(1+i)(R+d_w/2)]\} \\ \delta_{of} = \arctan\{iL/[(1+i)(R-d_w/2)]\} \\ \delta_{or} = \arctan\{iL/[(1+i)(R+d_w/2)]\} \end{cases} \tag{2-26}$$

当转角很小时，平均转角为

$$\delta_f = L/\{(1+i)[R - d_w^2/(4R)]\} \tag{2-27}$$

$$\delta_r = iL/\{(1+i)[R - d_w^2/(4R)]\} \tag{2-28}$$

当转向半径较大时，后、前轮转角之比近似为 1，平均转角为

$$\delta_f = \frac{L}{R} \times \frac{1}{1+i} \tag{2-29}$$

$$\delta_r = \frac{L}{R} \times \frac{i}{1+i} \qquad (2\text{-}30)$$

对于四轮转向系统，转向中心随着转向比的变化而变化，即

$$d = iL/(i+1) \qquad (2\text{-}31)$$

式中，d 为后轴到转向中心的距离，mm。

2.3.3 实际的阿克曼转向几何关系

随着行驶速度的增加，轮胎将产生侧偏现象，而且前、后轮的侧偏角是不一样的，这样汽车的转向半径不再等于理想的运动学半径。较高车速行驶时，转向角一般是很小的，内、外侧车轮转角可由平均转角代替。图 2-9 和图 2-10 所示为实际分布式驱动电动汽车转向时的 2WS 和 4WS 的运动学关系图。从几何角度出发，可以得出转角与几何量、侧偏角的关系方程，即

FWS $\qquad \begin{cases} \delta_f = L/R - \alpha_f + \alpha_r \\ R = L/(\delta_f + \alpha_f - \alpha_r) \end{cases} \qquad (2\text{-}32)$

RWS $\qquad \begin{cases} \delta_r = -L/R + \alpha_f - \alpha_r \\ R = L/(-\delta_r + \alpha_f - \alpha_r) \end{cases} \qquad (2\text{-}33)$

4WS $\qquad \begin{cases} \delta_f - \delta_r = L/R - (\alpha_f - \alpha_r) \\ R = L/[(\delta_f - \delta_r) + (\alpha_f - \alpha_r)] \end{cases} \qquad (2\text{-}34)$

式中，δ_f 为前轴车轮的平均转角，rad；δ_r 为后轴车轮的平均转角，rad；α_f 为前轴车轮的平均侧偏角，rad；α_r 为后轴车轮的平均侧偏角，rad。

注意，对于正转角（从上往下看为顺时针），RWS 使汽车左转，其中也暗含着 R 为负的。

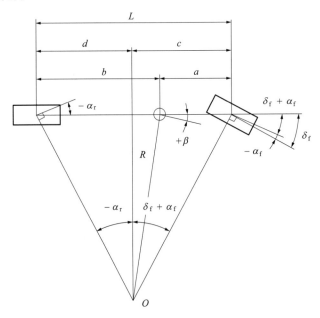

图 2-9 实际的两轮转向内、外侧车轮转角关系

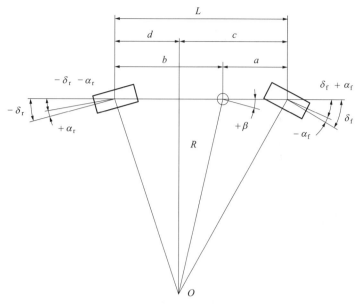

图 2-10 实际的四轮转向内、外侧车轮转角关系

2.4 汽车的操纵稳定性

操纵稳定性是表征车辆性能的一个重要因素。操纵稳定性是汽车的一种运动性能,不仅影响到汽车驾驶的操纵方便程度,而且也是决定高速汽车安全行驶的一个重要因素。汽车的操纵稳定性包含操纵性和稳定性两部分,两者关系密切。

2.4.1 轮胎纵滑、侧偏联合工况下的滑转理论

实际中,轮胎的纵向力和侧向力可能会同时存在,而且相互耦合,如车辆在转弯加速或转弯制动等工况下,轮胎会同时产生纵向力和侧向力,因此需要给出纵向力和侧向力联合作用时的轮胎特性。

在车辆非直线行驶时,其纵向力与侧向力满足附着椭圆,在此工况下,纵向力与侧向力的计算公式为

$$\begin{cases} F_x = \dfrac{\sigma_x}{\sigma} F_{x0} \\ F_y = \dfrac{\sigma_y}{\sigma} F_{y0} \end{cases} \qquad (2\text{-}35)$$

式中,$\sigma_x = \left| \dfrac{s}{1+s} \right|$,$\sigma_y = \left| \dfrac{\tan\alpha}{1+s} \right|$,$\sigma = \sqrt{\sigma_x^2 + \sigma_y^2}$。

2.4.2 轮胎滑转率和轮心速度

对轮胎模型有很高的精度要求，一般情况下轮胎工作在线性区，但当质心侧偏角超过5°，此时呈现明显的非线性。研究汽车驱动控制，考虑到控制算法设计的需求，对轮胎模型提出以下要求：模型精度要高，能够很好地表达轮胎的非线性特性；能够反映轮胎侧向与纵向的耦合特性；参数尽量少，表达相对简单，便于计算。

综合以上分析，建立魔术轮胎模型，该模型可以很好地表达轮胎的力学特性，满足需求。

魔术轮胎模型是基于试验数据递归分析得到的，一般表达式为

$$Y = S_v + y(x) \tag{2-36}$$

$$y(x) = D\sin\{C\arctan[Bx - E(Bx - E\arctan Bx)]\} + S_v \tag{2-37}$$

$$x = S_h + X \tag{2-38}$$

式中，自变量 X 可以表示轮胎滑转率 s 和侧偏角 α。根据输入自变量的不同，Y 可以分别表示车轮纵向力 F_x 和侧向力 F_y。相关输入与输出参数关系如图 2-11 所示。式中其余参数及其含义见表 2-2。

图 2-11 魔术轮胎输入与输出参数关系

表 2-2 魔术公式参数及其含义

符号	参数含义
Y	轮胎力
X	轮胎滑转率或侧偏角
D	峰值因子：表示曲线的最大值
C	曲线形状因子
B	刚度因子
E	曲线曲率因子
S_h	曲线水平方向漂移
S_v	曲线垂直方向漂移

车轮的垂直载荷估算已经给出，滑转率计算如下。

$$s_i = \frac{\omega_i R_{ri} - v_i}{\omega_i R_{ri}} \tag{2-39}$$

式中，s_i、v_i 分别为第 i 个车轮的滑转率和轮心速度；ω_i 为第 i 个车轮角速度；R_{ri} 为第 i 个车轮滚动半径。

2.4.3 驾驶员模型

在整车动力学模型中，驾驶员模型模拟实际汽车驾驶过程中驾驶员对车辆的操作，控制车辆行驶过程中的行驶车速和转向角，使车辆的目标车速和转向角保持在合理的范围内。

(1) 目标车速控制模型

为使车辆能够按照输入的目标车速自动调节加速踏板，以达到稳定目标车速的目的，搭建一个基于目标车速跟踪的 PI 控制器驾驶员模型。

模型为一个 PI 调节控制器，在车辆未达到目标车速前，油门开度为最大输出。到达目标车速后，经过一段时间的超调和振荡，油门开度将维持在稳定车速所需功率的大小，超调和振荡的参数可通过 K_p 和 K_i 进行调整。

将目标车速与反馈车速的偏差 e 作为输入，经过 PI 调节计算后，对输出量进行 0~1 的范围约束，作为油门开度输入整车电机模型，电机模型与整车模型根据油门开度输出实际车速，再进行反馈调节，如图 2-12 所示。

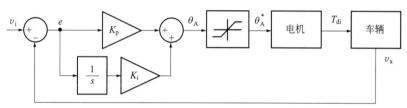

图 2-12　目标车速控制模型

(2) 路径跟踪控制模型

研究车辆的动力性、操纵稳定性等性能，需要进行一系列典型的仿真分析和测试，如双移线、蛇行试验，要进行这些试验必须使车辆按照预定的轨迹行驶，因此需要建立驾驶员任意路径跟踪模型。为了跟踪空间任意曲率的路径，采用单点预瞄理论建立了任意路径跟随驾驶员模型，道路跟踪方法的坐标系定义和寻点算法如图 2-13 所示。

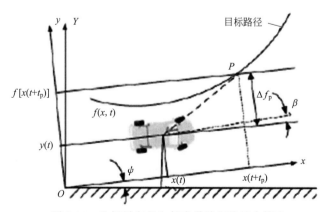

图 2-13　坐标系定义和任意道路跟踪寻点算法

图 2-13 中显示了两个坐标系，XOY 为大地坐标系，xOy 为车辆的相对坐标系；t_p 是车辆到达预瞄点的时间；ψ 为汽车运动方位角；β 为质心侧偏角；Δf_p 为预瞄点处汽车侧向位移与目标轨迹的偏差。

$$\begin{cases} X = u\cos\psi - v\sin\psi \\ Y = u\sin\psi + v\cos\psi \end{cases} \quad (2\text{-}40)$$

根据公式(2-41)可以得到目标轨迹上任一点在参考坐标系下的坐标为

$$\begin{bmatrix} x \\ y \end{bmatrix} = \begin{bmatrix} \cos\psi & \sin\psi \\ -\sin\psi & \cos\psi \end{bmatrix} \begin{bmatrix} X \\ Y \end{bmatrix} \quad (2\text{-}41)$$

由于预瞄时间较短，假定车辆在预瞄过程中侧向加速度恒定，根据运动学关系可得预瞄点 p 在相对坐标系中的坐标为

$$\begin{cases} x(t+t_p) = x(t) + ut_p \\ f[x(t+t_p)] = y(t) + t_p \dot{y}(t) + \dfrac{\ddot{y}(t)t^2}{2} \end{cases} \quad (2\text{-}42)$$

根据 Δf_p 的定义可知

$$\Delta f_p = f[x(t+t_p)] - y(t) \quad (2\text{-}43)$$

则汽车所需的侧向加速度为

$$\ddot{y}(t)^* = \frac{2}{t_p^2}[\Delta f_p - t_p \dot{y}(t)] \quad (2\text{-}44)$$

2.4.4 横摆角速度及质心侧偏角

横摆角速度和质心侧偏角是表征电动汽车行驶稳定性的主要动力学参数，使用横摆角速度及质心侧偏角的期望值与实际值的偏差制定制动时的期望横摆力矩。横摆角速度的期望值 ω_d 使用车辆二自由度模型推算，如式(2-46)所示。

$$\omega_d = \frac{v_x}{L(1+Kv_x^2)}\delta \quad (2\text{-}45)$$

式中，δ 为车轮转角；K 为稳定性因数。

$$K = \frac{m}{L^2}\left(\frac{l_f}{k_r} - \frac{l_r}{k_f}\right) \quad (2\text{-}46)$$

式中，k_r、k_f 分别为车辆的前、后轴侧偏刚度。

横摆角速度的实际值 ω 由陀螺仪传感器获取，陀螺仪传感器成本较低、性能成熟、可靠性高。

质心侧偏角的期望值 β 取 0，即认为其值越小越好。

质心侧偏角的实际值 β 虽然可以使用质心侧偏角传感器测量获取，但质心侧偏角传感器价格昂贵且使用条件苛刻，可采用一种基于运动学的估算方法获取质心侧偏角实际值，如式(2-47)所示。

$$\beta = \arctan\left(\frac{l_r \tan\delta}{L}\right) \quad (2\text{-}47)$$

2.5 分布式驱动电动汽车的制动性能

由于制动系统的结构和性能直接关系到汽车、乘员的安全,因此被认为是汽车的重要安全件,受到普遍重视。

在国家强制性标准 GB12676 以及 GB7258 中,对制动系统的结构和性能都做出了严格的规定。

分布式驱动电动汽车制动性能研究的重点是四轮制动力分配。

2.5.1 汽车制动过程

制动过程中简化的减速度与时间关系曲线如图 2-14 所示。

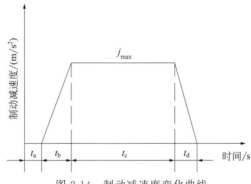

图 2-14 制动减速度变化曲线

图 2-14 中,t_a 为制动反应时间。它包括两部分:驾驶员反应时间和制动系统反应时间。驾驶员接收到紧急停车信号时,并没有立即行动,而要经过一段时间后才意识到应进行紧急制动。这段时间一般为 0.3～1s。随着驾驶员踩下制动踏板,踏板力迅速增大,不过由于需要克服自由行程、制动器中蹄与鼓的间隙等,要经过一段时间,地面制动力才起作用,使汽车开始产生减速度,这段时间称为制动系统反应时间。一般液压制动系统的反应时间为 0.015～0.035s,气压制动系统的反应时间为 0.05～0.06s。

t_b 为制动器作用时间。在该段时间内制动减速度随制动力增大而增大。制动器作用时间取决于驾驶员踩下踏板的速度,另外更重要的是受制动系统结构形式的影响。

一般液压制动系统制动器的作用时间为 0.15～0.3s,气动制动系统制动器的作用时间为 0.3～0.9s。

t_c 为持续制动时间。在该段时间内制动减速度相对稳定,基本保持不变。

t_d 为放松制动器时间。在该段时间内驾驶员放松制动踏板,制动过程结束。这段时间过长会耽误随后起步行驶的时间。

整个制动过程从驾驶员开始踩下制动踏板到制动结束,其全过程包括制动反应时间、制动器作用时间、持续制动时间和放松制动器时间四段时间。整个制动过程所耗时间越短，反应越灵敏，制动距离越短。对整个制动过程进行分析，真正使汽车减速停车的是持续制动时间，但制动器作用时间对制动距离的影响是不小的。制动器作用时间与制动系统的结构形式有密切关系。因此选择合适的制动系统的结构形式，减少制动器作用时间，是缩短制动距离的一项有效措施。

2.5.2 汽车制动性能评价指标

汽车的制动性能主要由以下三方面来评价：制动效能、制动效能的恒定性、制动时汽车的方向稳定性。

制动效能包括行车制动效能和驻坡制动效能。行车制动效能用在一定的制动初速度和最大踏板力下的制动减速度与制动距离两项指标来评定。制动距离是指在一定车速下，汽车从驾驶员踩下制动踏板开始到停车为止所驶过的距离，它与制动踏板力及路面附着条件有关。制动减速度常指制动过程中的最大减速度，它反映了地面制动力，因此它与制动器制动力（车轮滚动时）及道路-轮胎附着力（车轮抱死拖滑时）有关。驻坡制动效能是以汽车在良好路面上能可靠而无时间限制地停驻的最大坡度来衡量，一般应大于25%。

制动效能的恒定性包括热恒定性和水恒定性两方面。汽车的高速制动、短时间内的频繁重复制动，尤其是下坡时的长时间连续制动，都会引起制动器的温升过快，温度过高。这将导致制动摩擦副的摩擦因数急剧减小，使制动效能迅速下降而发生热衰退。提高摩擦材料的高温摩擦稳定性，增大制动鼓、盘的热容量，改善散热性或采用强制冷却装置，都是提高抗热衰退的措施。制动器摩擦表面浸水后，会因为水的润滑作用而使摩擦因数急剧减小从而发生水衰退。一般规定，在出水后反复制动5~15次即应恢复其制动效能。良好的摩擦材料吸水率低，其摩擦性能恢复迅速。某些越野汽车为了防止水和泥沙侵入而采用封闭的制动器。制动效能热恒定性和水恒定性除了与制动器摩擦副材料有关，还与制动器的结构有关。与鼓式制动器相比，盘式制动器具有更好的热恒定性和水恒定性。

制动时汽车的方向稳定性是指汽车在制动过程中维持直线行驶或预定的弯道行驶能力，即制动时汽车不发生跑偏、侧滑以及失去转向能力的性能。汽车直线行驶制动时，在转向盘固定不动的条件下，汽车自动向左或向右偏驶的现象称为制动跑偏。制动跑偏的原因有两个：汽车左、右车轮，特别是前轴左、右车轮（转向轮）制动器制动力不相等；制动时悬架导向杆系与转向系统拉杆在运动学上的不协调。其中第一个原因是由制造、调整误差造成的，汽车究竟向左或向右跑偏，要根据具体情况而定；而第二个原因是设计造成的，制动时汽车跑偏的方向是固定的，通过正确设计基本可以避免。侧滑是指制动时汽车的某一轴或两轴发生横向移动。失去转向能力是指弯道制动时，汽车不再按原来弯道行驶而沿弯道切线方向驶出和直线行驶制动时转动转向盘汽车仍按直线方向行驶的现象。

2.5.3 分布式驱动电动汽车四轮制动力分配

分布式驱动电动汽车的制动系统中各个车轮的制动转矩可以单独控制,因而分布式驱动电动汽车制动系统的制动力分配方法成为需要研究的问题。常规制动工况主要包括直线制动和转弯制动两种。直线制动中,载荷只在前、后轴之间发生转移,同轴左、右侧车轮制动转矩相等,因而制动力分配主要发生在前、后轴之间。转弯制动中,载荷除了在前、后轴之间转移,还在内、外侧车轮之间转移,因此四个车轮的受力情况各自不同,制动力分配时需要针对每个车轮进行单独分配。

汽车制动时前、后轮同时抱死,能够最大限度地利用附着条件,且有利于制动车辆的方向稳定性。当前、后轮都抱死时,地面作用于前、后轮的法向反作用力 F_{z1}、F_{z2} 如式(2-49)所示。

$$\begin{cases} F_{z1} = \dfrac{G}{L}(l_r + \varphi h_g) \\ F_{z2} = \dfrac{G}{L}(l_f - \varphi h_g) \end{cases} \tag{2-48}$$

式中,h_g 为汽车质心距离地面的高度;φ 为路面附着系数;G 为车重。

在附着系数为 φ 的路面上,当前、后轮制动力之和与附着力相等且前、后轮制动力分别与各自的附着力相等时,前、后轮同时抱死,如式(2-50)所示。

$$\begin{cases} F_{\mu 1} + F_{\mu 2} = \varphi G \\ \dfrac{F_{\mu 1}}{F_{\mu 2}} = \dfrac{F_{z1}}{F_{z2}} \end{cases} \tag{2-49}$$

式中,$F_{\mu 1}$、$F_{\mu 2}$ 分别为前、后轮制动力。

将式(2-49)与式(2-50)联立,得式(2-51)。

$$F_{\mu 2} = \dfrac{1}{2}\left[\dfrac{G}{h_g}\sqrt{l_r^2 + \dfrac{4h_g L}{G}F_{\mu 1}} - \left(\dfrac{Gl_r}{h_g} + 2F_{\mu 1}\right)\right] \tag{2-50}$$

由式(2-51)画成的曲线即为前、后轮同时抱死时前、后轮制动力的关系曲线——理想前、后轮制动力分配曲线,简称 I 曲线,如图 2-15 所示。当车辆前、后轮制动力分配比例在 I 曲线左上侧时,后轮比前轮先抱死,这是一种需要被避免的不稳定工况;当车辆前、后轮制动力分配比例在 I 曲线右下侧时,前轮比后轮先抱死,是稳定工况;当车辆前、后轮制动力分配比例刚好在 I 曲线上时,前、后轮同时抱死,是最理想的制动工况。因此,车辆制动时前、后轮制动力要处于 I 曲线下方且尽可能接近 I 曲线。

直线制动过程中,将前、后轴理想制动力分配曲线(I 曲线)作为目标值,控制四个车轮的制动力,可以实现前、后轴的同时抱死,从而既保证制动效能又兼顾稳定性。

在路面附着一定的情况下,轮胎所能产生的横向力和纵向力的合力存在一个极限,即路面附着极限,因此横向力和纵向力存在此消彼长的关系。所以在

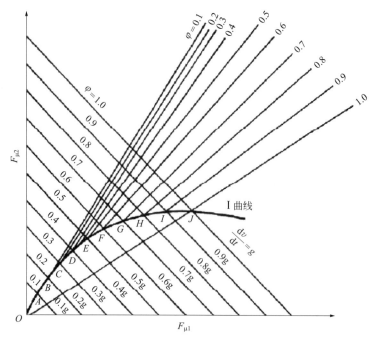

图 2-15　理想前、后轮制动力分配 I 曲线

车辆转弯制动的过程中，要使横向力和纵向力能够充分利用路面的附着又兼顾转向稳定性和较好的制动效能，就需要合理分配各轮胎的制动力。

按照控制目标可以分为操纵稳定性控制和制动减速度最优化控制两类。操纵稳定性控制为根据车辆状态的目标值和实测值/估计值计算得到目标纵向力或主动横摆力矩，通过控制四个车轮的差动制动实现该纵向力或主动横摆力矩。制动减速度最优化控制是根据给定的制动减速度期望值规划出车轮总的制动转矩，并将该制动转矩在电子液压（气压）制动系统上实现。

第3章

分布式驱动电动汽车的驱动系统结构

3.1 分布式驱动系统结构概述
3.2 电机结构原理
3.3 行星轮系传动特性
3.4 集中驱动桥的结构与传动分析
3.5 分布式驱动的整车控制结构

与传统内燃机车辆相比，分布式驱动电动汽车底盘取消了发动机、离合器、变速器、传动轴、差速器、半轴等传动部件，驱动电机直接安装在驱动轮内或驱动轮附近，各车轮的驱动电机均独立控制，通过电机转矩的合理分配，充分利用电机高效区间，并结合回馈制动策略，能够提高车辆的经济性。

在分布式驱动方案中，依据电机特点全新设计的电动汽车底盘形式为汽车结构的变革营造了空间，逐步成为研究和设计领域的热点。

3.1 分布式驱动系统结构概述

纯电动汽车根据驱动系统结构形式主要可分为单电机集中式驱动、分布式驱动。其中集中式驱动形式在结构上与传统车辆结构类似，需要利用传动装置将动力传递至驱动轮，而分布式驱动根据电机布置位置主要可分为轮边电机驱动和轮毂电机驱动。

分布式驱动电动汽车是在两轮及以上车辆上装备两个或两个以上驱动电机，每个驱动电机通过一定的传递路径将动力传递到各自对应的驱动轮。

分布式电动汽车在底盘布置上具有极大的灵活性，摆脱了传统机械传动的设计约束，节省了成本和布置空间，其底盘系统传动效率也得到进一步提高，并且更易于扩展成为多轴或多轮独立电驱动的底盘系统（图3-1）。多轴或多轮

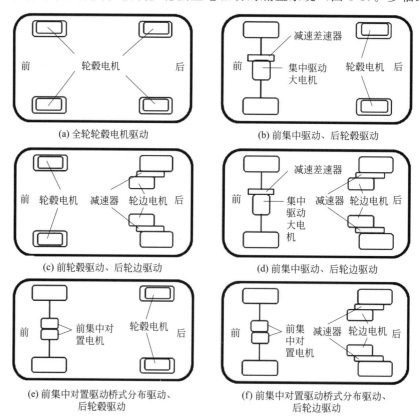

图 3-1 典型分布式驱动电动汽车底盘驱动结构

独立电驱动底盘系统可相对独立地对各车轮的驱动力和制动力进行灵活的分配和控制，非常易于在各种不同的驱动形式之间进行切换，以充分发挥和结合各种驱动形式的优势，甚至可以采用四轮独立电驱动车轮（产生互不相同的驱动力）的新型驱动形式，在不额外增加车辆动力学控制系统的情况下，实现多种车辆动力学控制功能，真正实现车辆动力学控制的电子化和主动化。

分布式驱动电动汽车组成如图3-2所示。

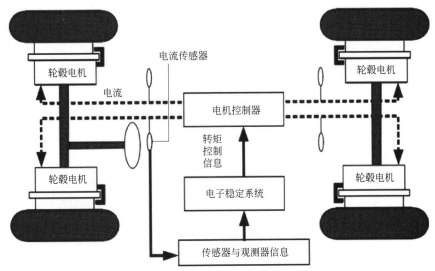

图3-2　分布式驱动电动汽车组成

四轮独立电驱动车辆是一种典型的分布式电动汽车，主要依靠电机及其控制系统完成车轮驱动功能，并由电机辅助液压制动系统完成制动功能。电机及其控制系统可通过测量诸如电机内部的电压和电流等物理量对电机的转矩和转速进行更为准确的实时估计，这就为车辆动力学控制提供了更为优质的执行机构输出反馈，使先进的控制理论和控制方法能够在车辆动力学控制中加以应用，以实现车辆运动的精确控制。

电机的动力通过轮边减速器（或者直接）到轮胎，可实现四轮驱动和两轮驱动，如图3-3所示。

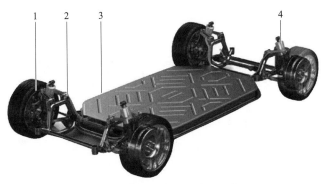

图3-3　独立电驱动传动系统

1—电动车轮；2—悬架支架；3—电池及车架；4—悬架弹性元件

3.1.1　集中对置的轮边电机结构

集中对置式电驱动系统的结构特点与集中电机驱动结构相似，两个驱动电机和两个减速器对置布置于车架，通过控制器独立驱动左、右轮，典型研发案例为奥迪 R8 e-tron 驱动系统等，如图 3-4 所示。集中对置式电驱动总成布置于车架，其优点是没有轮毂电机带来的簧下质量增大问题，制造技术成熟，应用安装方便；缺点是传动系统仍需万向传动半轴，且分布电驱动总成仍占用一定的底盘空间。

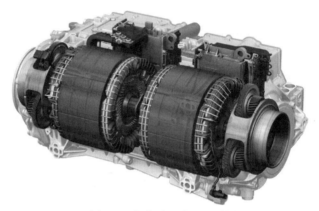

图 3-4　集中对置式电驱动桥

电动轮系统是伴随电动汽车的发展而产生的，相比于单电机系统，电动轮系统没有了传动轴、差速器及其他传动机构的约束，因而整车布局灵活；中间传动部件的减少，使电动汽车的传动效率更高，对电动汽车节能具有重要意义，可有效增加单次充电的续驶里程；由于每个车轮的动力单独可控，车轮对驾驶员命令的响应更快，可有效提高整车的动力性能；机电系统的特性使电动轮系统对车轮的运动工况敏感，电机的运动参数可有效反映整车的运动工况。

从图 3-5 中可以看出，电机系统主要由轮毂、减速器及电机三部分组成。与单电机驱动机构相比，电动轮系统使整车的簧下质量增加，整车的行驶稳定性及驾驶舒适性都有所下降，因而对电动轮系统来说，电机系统物理尺寸及质量的减少至关重要。电机系统的尺寸及质量的大小与电机的最大输出转矩密切相关。由电动轮系统的特点可知，电动轮系统需要有大的转矩，以提高对不同路面状况的适应能力。为使电机系统在保证大输出转矩的同时拥有较小的尺寸与质量，电机系统引入了减速装置。减速装置采用带有 K-H-V 型行星减速机构的摆线式减速器，这种设计不仅所需空间更小，而且可以提供更大的减速比。减速器的齿轮与输出轴均采用滚动轴承支承。电机及减速器的壳体内部设计有润滑油的通道，由电机和减速器之间的一个液压油泵提供润滑油。润滑油流经电机壳、电机转子轴中心孔，以及减速器输入轴，进入减速器壳体内。润滑系统的另一个作用是对电机的转子与定子冷却。电机采用风冷机构，当润滑油流经电机壳时，利用电机壳外部的散热片冷却。

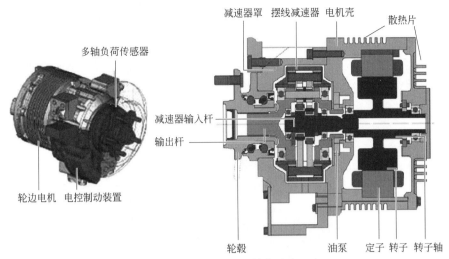

图 3-5 轮边电机结构示意

根据轮边电机位置可分为电机固定式和电机摆动式。前者将轮边电机和轮边减速器固定于车架，轮边电机固定式构型通常为集成式轮边电驱桥的形式，如图 3-6 所示。后者将轮边电机和轮边减速器与悬架集成，如图 3-7 所示。它们的主要特点是电驱动系统的等效簧下质量小，可有效抑制系统簧下质量负效应。

图 3-6 轮边电机和轮边减速器固定于车架

图 3-7 轮边电机和轮边减速器与悬架集成

图 3-8 为电动客车驱动桥，为集成式轮边电驱桥的应用实例。两个驱动电机布置在车桥两侧，通过两级减速实现减速增扭驱动车轮。一级减速采用动力分流行星齿轮机构，驱动齿轮与电机输出轴相连，在最低位置与齿圈和过渡轮啮合；二级减速采用四个行星轮通过行星架输出到轮毂。由于轮毂内的行星齿轮结构可使轮毂设计得更宽，配置双胎后可承受较大轴荷，主要应用于低地板城市客车。

图 3-8　电动客车驱动桥

3.1.2　轮毂电机结构

典型轮毂电机结构如图 3-9 所示。目前轮毂电机驱动的主要缺点是簧下质量显著增加，轮毂电机系统设计制造难度大。如何有效抑制轮毂电机簧下质量负效应，如何解决高效高可靠性轻量化轮毂电机系统设计制造难题，如何降低轮毂电机系统成本，成为其关键问题。

轮毂电机直接驱动结构多采用外转子电机，面向电动乘用车的轮毂电机最高转速为 1000～1500r/min，无需任何减速装置，电机外转子与车轮轮辋固定或者集成在一起，车轮转速与电机相同，其特点是低速大转矩输出；在结构上需

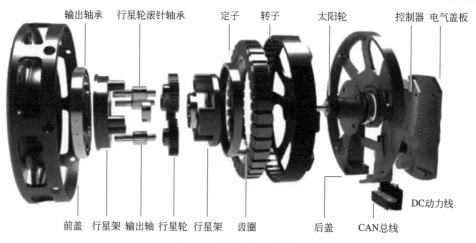

图 3-9　典型轮毂电机结构

要考虑与制动、悬架和转向系统等结构一体化设计；由于其载荷特点完全不同于传统车用驱动电机，因此在测试评价上需要开发设计不同于一般车用电机的加载试验方法。目前，高功率/转矩密度、高效率、高可靠性的轮毂直驱电动轮总成成为全球研发的焦点和竞争热点。特别是针对A级和A0级电动乘用车的轮毂电机研发，由于其轮辋内空间十分狭小，导致轮毂电机电磁性能、结构和散热设计都趋于极限，且电机载荷矢量、摩擦制动热源、周边流场复杂多变，电动轮簧下质量剧增引发的振动冲击负效应凸现，因此高性能电动轮总成开发与应用面临重大的技术挑战。

电动车轮是直接将驱动电机安装在汽车的车轮里。主要有两种结构：一种是内定子、外转子结构，外转子直接安装在车轮的轮毂上，由于这种结构没有机械减速装置，通常要求电机为低速大转矩的电机；另一种就是一般的内转子、外定子结构，转子作为输出轴与固定减速比的行星齿轮变速装置的太阳轮相连，车轮轮毂与齿圈连接，这样可以提供较大的减速比，增大输出转矩。两种结构的电动车轮的结构示意如图3-10所示。

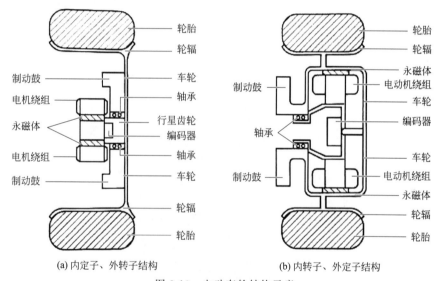

图3-10 电动车轮结构示意

高速内转子轮毂电机通常又被称为减速驱动型轮毂电机，其构造包括高速内转子电机以及减速行星齿轮机构这两部分。该类型电机有如下优势：比功率、效率较高，电机重量轻，体积小巧，在汽车低速行驶时，能够输出较大的转矩。但它也有一些弊端，例如它需要另外配备减速机构，这样动力系统的重量就会明显增加，同时由于驱动轮本身的空间极其有限，电机和减速机构如果都在其中布置，设计难度就会增加。

低速外转子轮毂电机通常又被称为直接驱动型轮毂电机，这种机构省去了减速机构，所以在设计驱动轮、悬架方面就会简化，没有了减速机构的机械消耗，响应速度会有一定的提升，传动效率会更高。它的缺点是：输出特性需满足不同工况的需求，这样势必会对其性能有较高的要求，从而导致成本大大增加。

图 3-11 所示为电动车轮总成结构。轮毂电机驱动系统的结构种类较多，不同公司有不同的设计方法。图 3-12 所示为米其林公司采用的外转子轮毂电机-驱动器-内卡钳盘式制动器一体化结构；图 3-13 所示为 Elaphe 公司采用的外转子轮毂电机与鼓式制动器的集成结构；图 3-14 所示为舍弗勒公司采用的水冷内转子轮毂电机-驱动器与鼓式制动器的集成结构，其主要用于无人驾驶的轮胎驱动。可见，轮毂直驱电动轮集成设计的技术发展趋势是驱/制动一体化集成设计。

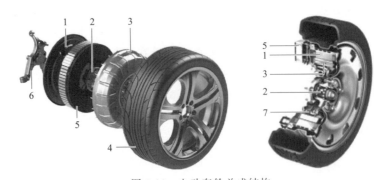

图 3-11 电动车轮总成结构
1—定子；2—轴承；3—转子；4—车轮；5—磁芯与动力电控装置；6—悬架支架；7—制动器

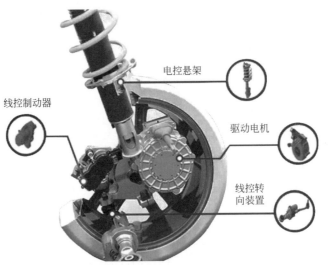

图 3-12 外转子轮毂电机-驱动器-内卡钳盘式制动器一体化结构

图 3-13 外转子轮毂电机与鼓式制动器的集成结构

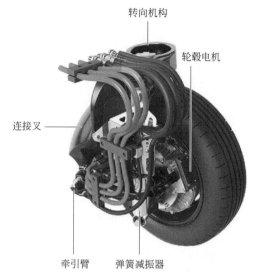

图 3-14 轮毂电机-驱动器与鼓式制动器的集成结构

图 3-15 所示为轮毂电机-减速驱动机构,多选用高速内转子电机,减速驱动机构置于电机和车轮之间,机构类型包括行星传动、摆线针轮传动和定轴齿轮传动等。图 3-15 中包括轮毂、端盖、电机、行星齿轮减速机构、离合器和制动器。电机为单气隙定轴结构的轴向磁场电机,包括转子组件和定子组件。

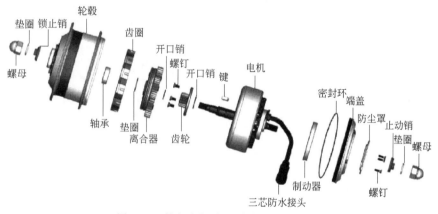

图 3-15 轮毂电机-行星齿轮减速机构结构

3.2 电机结构原理

3.2.1 直流电机

(1) 结构及工作原理

直流电机的结构如图 3-16 所示,一般由定子、转子、换向器和电刷等组成。定子上有磁极，转子有绕组，通电后，转子上也形成磁场（磁极），定子和转子的磁极之间有一个夹角，在定、转子磁场（N极和S极之间）的相互吸引下，使电机旋转。改变电刷的位置，就可以改变定、转子磁极夹角（假设以定子的磁极为夹角起始边，转子的磁极为另一边，由转子磁极指向定子磁极的方向就是电机的旋转方向）的方向，从而改变电机的旋转方向。

由于直流电机结构简单，具有优良的电磁转矩控制特性，无刷直流电机以其突出的优点仍在新能源汽车上得到应用。

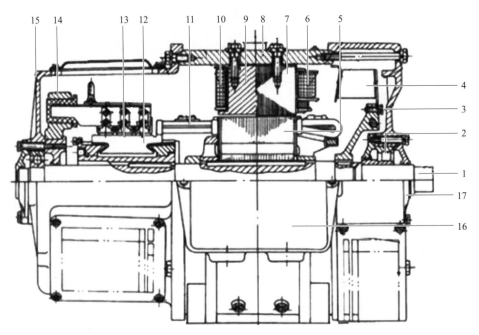

图3-16 直流电机结构
1—轴；2—轴承；3—后端盖；4—风扇；5—电枢铁芯；6—主极绕组；7—主极铁芯；8—机座；
9—换向极铁芯；10—换向极绕组；11—电枢绕组；12—换向器；13—电刷；14—刷架；
15—前端盖；16—出线盒；17—轴承盖

(2) 特点

无刷直流电机是近年来随着微处理器技术的发展和高开关频率、低功耗新型电力电子器件的应用，以及控制方法的优化和低成本、高磁能级的永磁材料的出现而发展起来的一种新型直流电机。

按照供电方式的不同，无刷直流电机可分为两类：方波无刷直流电机，其反电动势波形和供电电流波形都是矩形波，又称为矩形波永磁同步电机；正弦波无刷直流电机，其反电动势波形和供电电流波形均为正弦波。无刷直流电机的诞生，克服了有刷直流电机的先天性缺陷，以电子换向器取代了机械换向器，所以既具有直流电机良好的调速性能等特点，又具有交流电机结构简单、无换向火花、运行可靠和易于维护等优点。

图3-17所示为一种小功率三相、星形连接、单副磁对极的无刷直流电机模型，其定子在内，转子在外。也有定子在外，转子在内的结构，即定子是线圈绕组组成的机座，而转子用永磁材料制造。

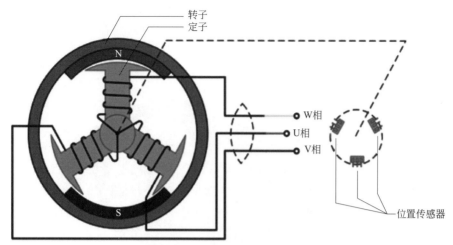

图 3-17 无刷直流电机模型

无刷直流电机的特点是：外特性好，能够在低速下输出大转矩，因此可提供大的启动转矩；速度范围宽，任何速度下都可以全功率运行；效率高、过载能力强，使之在拖动系统中有出色的表现；再生制动效果好，由于转子是永磁材料，制动时电机可进入发电状态；体积小，功率密度高；无机械换向器，采用全封闭式结构，可以防止尘土进入电机内部，可靠性高；比异步电机的驱动控制简单。

(3) 控制

直流电机控制系统主要由斩波器和中央控制器构成，根据输出转矩的需要，通过斩波器来控制电机的输入电压、电流，以此控制和驱动直流电机运行。

无刷直流电机由同步电机和驱动器组成，同步电机的定子绕组多制成三相对称星形接法，与三相异步电机十分相似。而转子上粘有已充磁的永磁体，为了检测电机转子的极性，在电机内装有位置传感器。驱动器由功率电子器件和集成电路等构成，其功能是接收电机的启动、停止、制动信号，以控制电机的启动、停止和制动；接收位置传感器信号和正、反转信号，用来控制逆变桥各功率管的通断，产生连续转矩；接收速度指令和速度反馈信号，用来控制和调整转速；提供保护和显示等。

3.2.2 交流三相感应电机

(1) 结构及工作原理

感应电机又称异步电机，即转子置于旋转磁场中，在旋转磁场的作用下，获得一个转动力矩，从而产生转动。转子是可转动的导体，通常多呈鼠笼状；定子是电机中不转动的部分，主要任务是产生旋转磁场。通常旋转磁场不用机械方法来实现，而是以交流电通过数对电磁铁，使其磁极性质循环改变，故相当于一个旋转的磁场，感应电机并不像直流电机有电刷或集电环。依据所用交流电的种类有单相电机和三相电机两种，后者多用于电动汽车和动力设备。

交流三相感应电机如图 3-18 所示，主要由转子和定子构成，没有相互接触的滑环、换向器等部件。运行时，定子通过交流电而产生旋转磁场，旋转磁场切割转子中的导体，在转子导体中产生感应电流，转子的感应电流产生一个新的磁场，两个磁场相互作用使转子转动。

图 3-18　交流三相感应电机

(2) 特点

交流三相感应电机结构简单，可靠性好，使用寿命长，其功率范围宽，转速可达 12000～15000r/min。可采用空冷或水冷方式，对环境适应性好，并能够实现再生反馈制动。与同样功率的直流电机相比，效率较高、重量轻、价格便宜、修护方便。不足之处在于耗电量较大，转子容易发热，功率因数较低，且调速性能相对较差。

(3) 控制

由于交流三相感应电机不能直接使用直流电，因此需要逆变装置进行转换控制。应用于感应电机的控制技术主要有三种：V/F 控制（即压频控制，通过电源电压和额定频率的比率控制，维持电机恒定磁通，使电机保持较高效率）、转差频率控制和矢量控制。20 世纪 90 年代以前主要使用前两种控制方式，但是因转速控制范围小，转矩特性不理想，而对于需频繁启动及加、减速的电动汽车并不适合。近年来，几乎所有的交流感应电机都采用了矢量控制技术。

3.2.3　永磁同步电机

(1) 结构

永磁同步电机主要由转子、定子、位置传感器、电子换向开关及端盖等部件组成，如图 3-19 所示。一般来说，永磁同步电机的最大特点是其定子结构与普通感应电机的结构非常相似，主要区别在于其转子的独特结构及其在转子上放置的高质量永磁体磁极。由于在转子上安放永磁体的位置有很多选择，所以永磁同步电机通常被分为内嵌式、面贴式及插入式三大类，如图 3-20 所示。

通常所说的永磁同步电机是正弦波永磁同步电机。同一般同步电机一样，

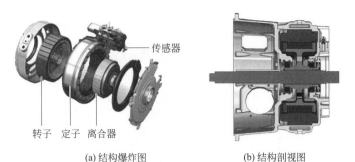

(a) 结构爆炸图　　　　　(b) 结构剖视图

图 3-19　永磁同步电机结构

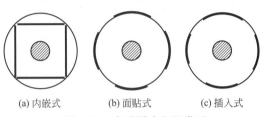

(a) 内嵌式　　　(b) 面贴式　　　(c) 插入式

图 3-20　永磁同步电机类型

正弦波永磁同步电机的定子绕组通常采用三相对称的正弦分布绕组，或转子采用特殊形状的永磁体，以确保气隙磁感应强度沿空间呈正弦分布。这样，当电机恒速运行时，定子三相绕组所感应的电动势则为正弦波，正弦波永磁同步电机由此而得名。

正弦波永磁同步电机是一种典型的机电一体化电机。它不仅包括电机本身，而且还涉及位置传感器、电力电子变流器以及驱动电路等。

永磁同步电机具有结构简单、体积小、重量轻、损耗小、效率高、功率因数高等优点，主要用于要求快速响应、调速范围宽、定位准确的高性能伺服传动系统和直流电机的更新替代电机。

永磁同步电机最受关注的是其运行性能，而影响运行性能的因素很多，但最主要的则是电机结构。就内嵌式、面贴式和插入式而言，各种结构各有优点。

在电机内建立进行机电能量转换所必需的气隙磁场有两种方法：一种是在电机绕组内通电流产生磁场，这种方法既需要有专门的绕组和相应的装置，又需要不断供给能量以维持电流流动，例如普通的直流电机和同步电机；另一种是由永磁体来产生磁场，这种方法既可简化电机结构，又可节约能量。对于转子直流励磁的同步电机，若采用永磁体取代其转子直流绕组，则相应的同步电机就成为永磁同步电机。

（2）工作原理

图 3-21 所示为轮毂电机结构示意。轮毂电机采用电子换向，通过按一定相位规律安装的霍尔传感器识别转子位置，并将转子位置用相位相差 120°的方波信号表达出来，轮毂电机控制器根据霍尔传感器输出信号的相位关系，向定子电枢的对应绕组供电，定子产生的磁场与转子之间产生电磁转矩，从而带动转子转动。

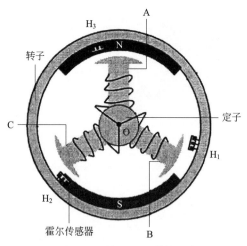

图 3-21 轮毂电机结构示意

轮毂电机根据功率和转矩等电气参数的不同，其电枢绕组数量也随之变化，为了便于分析工作原理，现将电枢绕组简化为三相绕组。通常电机内置的三个霍尔传感器均匀分布，在电机旋转一周的过程中，三个霍尔传感器感应磁场强度变化，输出信号为占空比50%和相位相差120°的方波，把一整个圆周划分为六个60°的霍尔扇区（图3-22）。

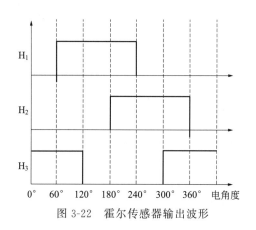

图 3-22 霍尔传感器输出波形

大功率轮毂电机主要采用三相全桥功率驱动拓扑（图3-23），电机三相绕组为星形连接，每相绕组由两个大功率MOSFET管组成的桥臂驱动。$S_1 \sim S_6$ 大功率MOSFET管分别对应各桥臂的开关，$S_1 \sim S_6$ 是 $Q_1 \sim Q_6$ 的驱动信号，Q_1 和 Q_2 控制A相绕组、Q_3 和 Q_4 控制B相绕组、Q_5 和 Q_6 控制C相绕组。

电机连续旋转需要结合三个霍尔传感器检测到的电机线圈所处的状态，按一定顺序周期性对三相绕组通以直流电。三相全桥功率驱动采用两相导通形式，电机旋转一周时，转子位置、霍尔信号输出、驱动信号与导通绕组的六个状态见表3-1。转子旋转一周，霍尔传感器输出六种状态，根据这六种状态控制六个大功率MOSFET管的通断，从而驱动相应的绕组，绕组依次导通顺序为AB→AC→BC→BA→CA→CB。

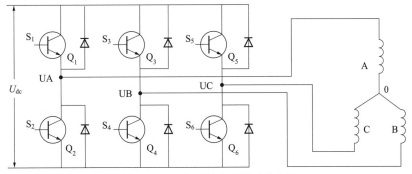

图 3-23 三相全桥功率驱动主电路

表 3-1 电机旋转一周电机的六个状态

转子位置	霍尔信号输出 $H_1H_2H_3$	驱动信号 $S_1 \sim S_6$	导通绕组
0°~60°	101	100100	AB
60°~120°	100	100001	AC
120°~180°	110	001001	BC
180°~240°	010	011000	BA
240°~300°	011	010010	CA
300°~360°	011	000110	CB

(3) 控制

目前,永磁同步电机的控制技术已从最初的基于稳态模型的标量控制发展到矢量控制、直接转矩控制、非线性控制、自适应控制、滑模变结构控制和智能控制,其中智能控制包括专家系统智能控制、模糊逻辑智能控制和神经网络智能控制等。

对于内嵌式永磁同步电机的无位置传感器矢量控制系统,通过将滑模观测器和高频电压信号注入法相结合,在无位置传感器的内嵌式永磁同步电机闭环矢量控制方式下平稳启动运行,并能在低速和高速运行场合获得较准确的转子位置观察信息。这种控制方法最本质的特征,是通过坐标变换将交流电机内部复杂耦合的非线性变量变换为相对坐标系为静止的直流变量(如电流、磁链、电压等),从中找到约束条件,获得某一目标的最佳控制策略。

3.3 行星轮系传动特性

(1) 行星轮系传动分析

行星轮系与定轴轮系的根本区别在于行星轮系中有一个转动着的系杆,因此使行星齿轮既公转又自转。如果能够设法使系杆固定不动,那么行星轮系就可转化成一个定轴轮系。为此,假想给整个轮系加上一个公共的角速度($-\omega_H$),根据相对运动原理可知,各构件之间的相对运动关系并不改变,但此时系杆的角速度就变成了 $\omega_H - \omega_H = 0$,即系杆可视为静止不动。于是,行星轮系就转化成了一个假想的定轴轮系，通常称这个假想的定轴轮系为行星轮系的转化机构。

下面以图3-24所示的单排行星轮系为例，来说明当给整个轮系加上一个$-\omega_H$的公共角速度后，各构件角速度的变化情况。

如图3-24所示，当给整个轮系加上公共角速度$-\omega_H$后，其各构件的角速度变化情况见表3-2。

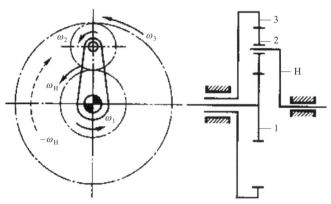

图3-24 单排行星轮系

表3-2 行星轮系转化机构中各构件的角速度

构件代号	原有角速度	在转化机构中的角速度（即相对于系杆的角速度）
1	ω_1	$\omega_1^H = \omega_1 - \omega_H$
2	ω_2	$\omega_2^H = \omega_2 - \omega_H$
3	ω_3	$\omega_3^H = \omega_3 - \omega_H$
H	ω_H	$\omega_H^H = \omega_H - \omega_H = 0$

因此，该转化机构的传动比就可以按照定轴轮系传动比的计算方法来计算。下面将会看到，通过该转化机构传动比的计算，就可以得到行星轮系中各构件的真实角速度之间的关系，进而求得行星轮系的传动比。

（2）行星轮系传动比

首先求转化机构的传动比。由传动比的概念可知

$$i_{13}^H = \frac{\omega_1^H}{\omega_3^H} = \frac{\omega_1 - \omega_H}{\omega_3 - \omega_H} \tag{3-1}$$

式中，i_{13}^H表示在转化机构中1轮主动、3轮从动时的传动比。由于转化机构为一定轴轮系，因此其传动比大小为

$$i_{13}^H = -\frac{z_3}{z_1} \tag{3-2}$$

综合以上两式可得

$$i_{13}^H = \frac{\omega_1 - \omega_H}{\omega_3 - \omega_H} = -\frac{z_3}{z_1} \tag{3-3}$$

式中，齿数比前的"—"号表示在转化机构中齿轮1和齿轮3的转向相反。

根据上述原理，不难写出行星轮系转化机构传动比的一般公式。设行星轮

系中两个中心轮分别为 1 和 n。系杆为 H，则其转化机构的传动比可表示为

$$i_{1n}^{H}=\frac{\omega_1-\omega_H}{\omega_n-\omega_H}=\pm\frac{z_2}{z_1} \tag{3-4}$$

若一个行星轮系转化机构的传动比为"+"，则称其为正号机构；为"-"则称其为负号机构。

可以看出，在各轮齿数均为已知的情况下，可以求出转化机构的传动比。因此，只要给定了三个齿轮中任意两个的齿数，就可以求出第三个齿轮的齿数，从而可以方便地得到行星轮系三个基本构件中任两个构件之间的传动比。

在利用式(3-4) 计算行星轮系传动比时，需要注意以下两点。

① 式(3-4) 中是转化机构中 1 轮主动、n 轮从动时的传动比，其大小和正负完全按定轴轮系来处理。在具体计算时，它不仅表明了在转化机构中中心轮 1 和 n 轮转向之间的关系，而且表明了行星轮系传动比的大小。要特别注意转化机构传动比的正负号，它反映了行星轮系中各基本构件的旋转方向。

② 对于行星轮系来说，由于其中一个中心轮是固定的（例如中心轮 n 固定，即 $\omega_n=0$），这时可直接由式(3-4) 求出其余两个基本构件间的传动比。

3.4 集中驱动桥的结构与传动分析

(1) 集中驱动桥的结构

双行星分流式差速电驱桥如图 3-25 所示。驱动电机两端连接多片式制动器，通过制动器连接双行星分流式差速电驱桥行星减速装置。差速电驱桥的输入为太阳轮，输出为行星架，行星架上有若干呈等间距环形分布且与太阳轮相啮合的双联行星齿轮，双联行星齿轮与过渡板间设有齿圈，齿圈与差速齿轮连接。

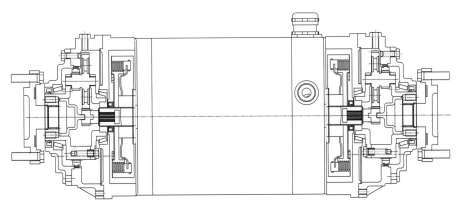

图 3-25　双行星分流式差速电驱桥

传统通用差速器差速电驱桥如图 3-26 所示。电机具有定子和转子，转子连接电机的驱动输出轴，驱动电机的输出轴与差速器连接，差速器的两端半轴连接多片式制动器，多片式制动器与减速装置连接，减速装置的输出至车轮。电

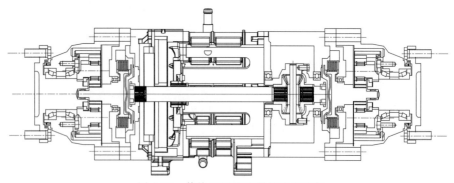

图 3-26 传统通用差速器差速电驱桥

机的输出轴为空心轴的结构,差速器的左侧输出半轴需要穿过电机空心轴至左侧的多片式制动器。

(2) 集中驱动桥的传动分析

图 3-27(a)所示为双行星分流式差速电驱桥的传动示意。差速电驱桥减速装置的驱动电机输出轴通过花键连接太阳轮,行星架安装三个环形分布的双联行星齿轮,双联行星齿轮分别与太阳轮和齿圈啮合。差速电驱桥减速装置的传动装置速比为

$$i = \frac{z_{r1}}{z_{p1}} \times \frac{z_{p2}}{z_s} + 1 \tag{3-5}$$

式中,z_{r1} 为齿圈齿数;z_s 为太阳轮齿数;z_{p1} 为行星小齿轮齿数;z_{p2} 为行星大齿轮齿数。

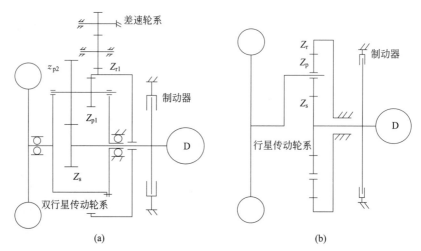

图 3-27 轮边减速器传动示意

图 3-27(b)所示为传统差速电驱桥的传动示意,传动机构太阳轮作为输入端,行星架作为输出端,通过对制动器的制动来中断行星轮系的动力输入,从而完成汽车的制动与驻停。传统差速电驱桥的传动装置速比为

$$i = k + 1 = \frac{z_r}{z_s} + 1 \tag{3-6}$$

式中，k 为行星轮系特征系数；z_r 为齿圈齿数；z_s 为太阳轮齿数。

3.5 分布式驱动的整车控制结构

分布式驱动电动汽车转矩分配的灵活性，结合电机转矩连续调节的可能性，可以使用一些新颖的转矩矢量控制策略来提高各种驾驶工况下的车辆主动安全性，以及操纵轻便性。相比于传统汽车利用摩擦制动的形式，电动汽车通过使用电驱动形式来直接控制横摆力矩，矢量控制系统将车辆在紧急瞬态驾驶工况下的安全驾驶范围扩展到了更高的车速条件下。

与传统汽车相同，分布式驱动电动汽车控制系统也主要采用分层结构，具有层次分明、目标明确、便于开发和维护的优点。如图3-28所示，驱动控制算法由以下三部分组成：管理层控制器，用来决定控制模式、允许的控制区域和期望的动力学性能，包括理想车速和横摆角速度；顶层控制器，用来计算达到期望动力学性能所需的牵引力输入和横摆力矩输入；底层控制器，用来提出实际执行器的控制指令，例如前、后轴的电机转矩，以及各自的制动转矩。管理层控制器计算允许的控制区域，亦即考虑车辆最大转向盘转角、侧向稳定性和防侧翻能力，计算车辆速度和车辆最大转向角度的关系。在底层控制中，设计一个滑转率控制器来将每个车轮的滑转率控制在限制范围内。除此之外，考虑执行器约束条件下，一个基于优化的最优控制分配策略用来将管理层控制器和滑转率控制器输出转化为执行器的真实指令。利用仿真研究来评估所提出的驱动控制算法，结果显示，所提出的控制算法可以显著提高车辆的操纵性、稳定性和防侧翻能力。

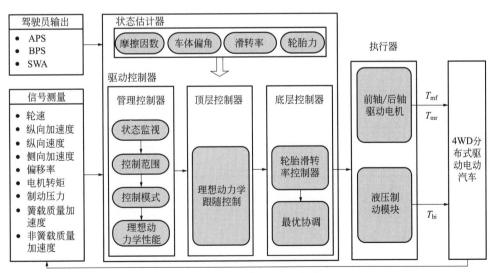

图3-28 四轮驱动车辆操纵稳定性控制系统结构

分布式驱动电动汽车四个车轮由四个轮毂电机独立驱动。模型总体结构包括与传统汽车相同的车体模型、制动器模型、轮胎模型、车轮动力学模型、动态载荷模型等，还包括电动汽车特有的电机模型，以及 EHB 液压调节器模型。模型总体框架如图 3-29 所示。

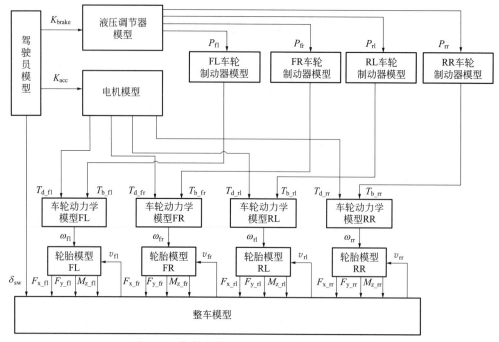

图 3-29　分布式驱动电动汽车结构模型总体框架

第 4 章

分布式驱动电动汽车参数匹配

4.1 纯电动汽车动力性能及试验工况规定
4.2 纯电动汽车参数匹配
4.3 电机选型匹配
4.4 分布式驱动电动汽车驱动功率动态匹配

对于纯电动汽车动力系统，包含电源系统、驱动系统两部分。评估的标准包含五方面：最高车速；加速时间；最大爬坡度；续驶里程；能量利用率。针对最高车速、加速时间和最大爬坡度，相关因素有很多，其中包含相应的电机容量、电机过载能力、电机驱动控制及电机调速性能。针对续驶里程、能量利用率这两项经济性指标，不但和车载电源性能有关，同时也和驱动系统效率、电机制动时动能回收效率有着密切的关系。

4.1 纯电动汽车动力性能及试验工况规定

整车的动力性能是汽车的基础性能指标，旨在通过轮毂电机动力耦合结构在满足动力性能的基础上，优化经济性能。纯电动汽车动力性能指标常通过峰值功率来表征，峰值功率相当于电机的"爆发力"，可以瞬间输出很大的功率，但是持续时间有限。汽车峰值功率的确定需要考虑整车最高车速、最大加速度和最大爬坡度的性能要求。

原车型的动力性能指标要求有以下四点：汽车的最高时速；整车能以15km/h的速度通过35%的坡度，以30km/h的速度通过12%的坡度，以60km/h的速度通过4%的坡度；整车0～100km/h的加速时间小于15s；整车的续驶里程大于150km。

（1）峰值功率的确定

① 最高车速下车辆所需的峰值功率　车辆达到最高车速时所需要的功率为

$$P_{v\_max}=\frac{v_{max}}{3600}\times\frac{1}{\eta_T}\left(mgf+\frac{C_D A v_{max}^2}{21.15}\right) \tag{4-1}$$

式中，m 为汽车质量，f 为滚动阻力系数，取 $f=0.0076+0.000056v$；v_{max} 为设定的最高车速；C_D 为空气阻力系数；A 为迎风面积；η_T 为动力传动系统效率。

② 最大加速度下车辆所需的峰值功率　车辆在加速过程中的瞬时车速可通过经验公式得到，即

$$v_t = v_m\left(\frac{t}{t_m}\right)^x \tag{4-2}$$

式中，v_m 为末速度；t_m 为加速到末速度的时间；v_t 为瞬时车速；x 一般为0.5。

最大加速度下所需的功率为

$$P_{a\_max}=\frac{v_m}{3600}\times\frac{1}{\eta_T}\left[\frac{\delta m v_m}{3.6 dt}-\frac{\delta m v_m}{3.6 dt}\left(\frac{t_m-dt}{t_m}\right)^x+mgfv_m+\frac{C_D A v_m^2}{21.15}\right] \tag{4-3}$$

式中，dt 为迭代步长，一般取值为0.1；δ 为汽车旋转质量换算系数。

③ 最大爬坡度下车辆所需的峰值功率　关于爬坡度的设计目标有三个，在计算时都需要满足，各种爬坡度（包含最大爬坡度）要求下的功率为

$$P_\alpha=\frac{v_\alpha}{3600}\times\frac{1}{\eta_T}\left(mgf\cos\alpha+mg\sin\alpha+\frac{C_D A v_\alpha^2}{21.15}\right) \tag{4-4}$$

式中，v_a 为爬坡的车速，α 为道路坡度。

要满足动力性设计目标，上述计算过程确定了电机总的功率大小，但无法解决各个电机之间的功率分配问题。基于分析典型工况下的功率需求对电机进行参数匹配，选择汽车行业内公认的典型工况，对关键参数进行统计，把满足电机高效运行作为行驶目标，同时能够满足所需的约束条件，确定电机的各项参数，使整车能够更高效地运行。

（2）典型工况分析

通常，当车辆在城市环境中运行时，总会碰到红灯或者交通拥挤的情况，车辆一般会走走停停。图 4-2 所示为汽车驾驶循环工况，大部分时间车辆处在低速或者怠速状态。当车辆处于走走停停的状态下，热负荷增加，可能造成过热甚至更严重的热负荷问题，汽车发动机或者部件的失效往往发生在这样的驾驶循环工况条件下。如果不在设计的早期进行很好的分析预测，一旦设计将要完成时，解决该问题是非常困难和昂贵的。

我国 CLTC-P 适用于 M1 类车辆，循环最高车速 114km/h。循环工况如图 4-1 所示。

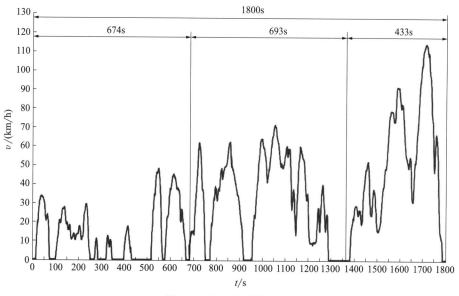

图 4-1 汽车驾驶循环工况

在高速行驶工况下，通过减少前端进气，尽量降低车辆的风阻，有利于获得很好的经济性。在低速工况下，由于前端进气量的减少会给电机及电池的散热带来很大挑战。如何平衡车辆在不同驾驶工况时的需求显得尤为重要。

4.2 纯电动汽车参数匹配

整车设计性能参数包括两方面，一是动力性能参数，二是经济性能参数。根据汽车理论，完成电动汽车驱动电机、动力电池参数匹配计算。图 4-2 所示为轮毂电机驱动纯电动汽车动力系统匹配流程。

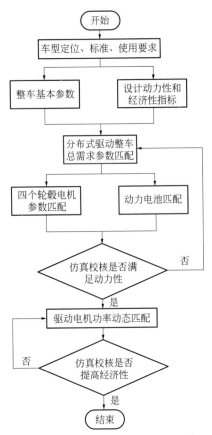

图 4-2　轮毂电机驱动纯电动汽车动力系统匹配流程

4.2.1　电机转速与转矩匹配

匹配分析按传统汽车动力学分析进行，对分布式驱动电动汽车依然按前、后桥驱动的动力学特性进行分析。因前、后桥的轴荷不同，轮胎的滚动半径不同，分析中采用了设计前、后桥的传动比不同的匹配思路（或不同的前、后桥电机转矩控制），以此达到分布式驱动电动汽车的合理匹配。

匹配电机额定转速时，应根据电机的工作内容，将其最频繁工作的区间设定在其额定转速附近，因为电机在额定转速附近效率最高。

考虑到电机适用于 40~70km/h 的中速巡航车况，在各种典型工况下，该速度段内对转矩的需求大多处于 30~110N·m 之间，而前（或后）桥电机单独驱动时，负责这一速度区间内对转矩需求较低的部分，因此当确定了电机的额定功率和额定转矩后，电机的额定转速为

$$n_e = 9550 \frac{P_e}{T_e} \tag{4-5}$$

式中，T_e 为额定转矩；P_e 为额定功率；n_e 为额定转速。

前、后桥电机单独驱动负责的工作区间为起步及低速阶段，在前、后桥电机以额定转速驱动时，对应的车速应较低，对应的转矩应较大，转速与车速的关系为

$$v = 0.377 \frac{n_{D1} r}{i_1 i} \tag{4-6}$$

式中，r 为车轮半径；n_{D1} 为前桥电机的额定转速；i_1 为前桥的一组减速比；i 为二级减速比。

目前，根据电机的转速范围可将电机分为三类，即低速电机、中速电机和高速电机。低速电机主要是指最高转速不超过 6000r/min 的电机，中速电机是指最高转速为 6000～10000r/min 的电机，而最高转速超过了 10000r/min 的电机就是高速电机。最高转速不同，加工工艺的要求不同。低速电机由于其对配套的轴承等机械元件没有额外的要求，所以成本最低，但是最高转速低于 6000r/min 也直接决定了其调速范围非常有限。中速电机对机械元件的要求相对较高，但是其调速范围增大，高效率区间也增大，是性价比最高的选择。高速电机能够提供更好的调速能力，动力性也更强，是性能最好的电机。

电机的最高转速与基速的比值称为电机扩大恒功率区系数，用 β 表示，β 值越大，电机在恒转矩区间内的输出转矩就越大，能够有效提高整车的动力性，但是 β 过大会导致电机的额定转速减小，同时增大逆变器的功率损耗，因此 β 一般取值在 2～4 之间。

此外，根据工作区间的分配可知，转速耦合驱动模式下需要满足车辆最高车速的要求，因此两个电机的最高车速和传动比需要满足关系式(4-7)。

$$0.377 n_{D1} r > v_{\max} \tag{4-7}$$

4.2.2 传动比参数匹配

在汽车起步加速时，所需转矩为

$$T_s = \frac{r}{\eta_T}\left(mgf + \delta m \frac{\mathrm{d}v}{\mathrm{d}t} + \frac{C_D A v^2}{21.15}\right) \tag{4-8}$$

前桥电机单独驱动需满足

$$T_{D1} i_1 i \geqslant T_s \tag{4-9}$$

式中，T_{D1} 为前桥电机驱动转矩之和。

在汽车行驶在最大爬坡度时，其所需转矩为

$$T_\alpha = \frac{r}{\eta_T}\left(mgf\cos\alpha + mg\sin\alpha + \frac{C_D A v^2}{21.15}\right) \tag{4-10}$$

行驶在此种工况时，汽车的传动系统应处于转矩耦合模式，即

$$T_\alpha \leqslant (i_1 T_{D1} + i_2 T_{D2}) i \tag{4-11}$$

式中，i_2 为后桥的一级减速比；T_{D2} 为后桥电机的驱动转矩之和。

如果要求汽车行驶在最高车速 140km/h 时，系统应处于转速耦合模式，即

$$\frac{nr}{2i}\left(\frac{n_{D1}}{i_1} + \frac{n_{D2}}{i_2}\right) \geqslant 140 \tag{4-12}$$

此外，为了使整个系统能量利用率更高，在转矩耦合模式下，应使两个电机能同时达到其峰值转速，因此有

$$\frac{i_1}{i_2}=1\sim 0.95 \tag{4-13}$$

根据经验所得，一般行星齿轮机构特征参数的选择都在 1.5~4 之间，特征参数大，整车的动力性能好，车辆起步加速能力强，且在高速时油耗低；特征参数小，整车动力性能差，起步加速能力较弱，但在市区拥堵工况下燃油消耗量低。

4.2.3 动力电池匹配

纯电动汽车的能量来源于电池，为了能够满足车辆的行驶要求，车用电池一般都需要具备较高的能量密度和输出功率密度，同时要求电池能接受的工作温度范围广泛，自放电率较小，无记忆性且循环使用的寿命较长。如今，纯电动汽车的电池主要有锂离子电池，铅酸蓄电池和镍氢电池。而锂离子电池相对于其他电池来说，具有体积小、电池单体电压高、电池寿命更长、比能量高、安全性高等优点。

(1) 动力电池的最大功率

为了保障电机的正常运行，电池的峰值功率应大于电机的峰值功率。当电机在运行时，电池提供能量，处于放电状态，能量提供给电机、逆变器等，电池的最大功率应为

$$P_B=\frac{P_1+P_2}{\eta_C \eta_B}+\frac{P_{ele}}{\eta_B} \tag{4-14}$$

式中，η_C 为逆变器的效率，取 0.95；η_B 为电池的放电效率，取 0.96；P_{ele} 为车用电器消耗的功率；P_B 为电池最大功率。

(2) 动力电池的电压

动力电池的电压应与电机的工作电压相匹配，根据规定，电机的电压应在 36~540V 之间。

(3) 动力电池的容量

电池的能量公式为

$$W_b=\frac{U_B C}{1000} \tag{4-15}$$

式中，W_b 为动力电池的实际能量；U_B 为动力电池的平均工作电压；C 为动力电池的总容量。

现实情况下汽车行驶工况多变且复杂，行驶里程的预估难以精确到具体数值，只需要满足设计目标即可，因此拟采用等速法对目标行驶里程所需能量进行计算，当汽车以速度 v 匀速行驶时，所需的功率和能量分别为

$$P_t=\frac{v}{3600\eta_T \eta_m}\left(mgf+\frac{C_D A v^2}{21.15}+\delta m \frac{dv}{dt}\right) \tag{4-16}$$

$$W_n = P_t \frac{s}{v} \tag{4-17}$$

式中，P_t 为汽车等速行驶时所需的功率；η_m 为电机的平均效率；W_n 为所需能量；s 为设计的目标里程。

综上所述，动力电池的容量应为

$$C = \frac{1000 P_t s}{U_B \xi_{SOC} v} \tag{4-18}$$

式中，ξ_{SOC} 为电池有效放电系数，取 0.7。

4.3 电机选型匹配

4.3.1 电机功率确定

电机功率分为额定功率和峰值功率。额定功率是电机的稳定输出功率，峰值功率相当于电机的"爆发力"，可以瞬间输出很大的功率，但是持续时间有限。驱动电机功率越大，动力性能越好，但是会增加电机的体积和重量，同时会降低电机在高效率区域的工作概率，降低经济性，而且纯电动汽车的能量源是电池，所以电机功率也会影响到电池组的大小，这就意味着电机功率越大，对电池组的放电功率需求越大，电池组体积和重量越大。一般要求电机的额定功率满足最大速度和最大爬坡度的要求且不超过太多即可。

最高车速对应的功率由式(4-1)获得。最大爬坡度对应的功率由公式(4-3)获得。峰值功率只在超车或者急加速时用到。在这种情况下，汽车需要的其实是短时间内电机输出较大的转矩，因此峰值功率就是输出转矩为峰值转矩时输出的最大功率，在此处需要引入过载系数的概念，过载系数是峰值转矩和额定转矩的比值，一般取 1.5～4。在计算驱动电机的峰值功率时，首先要确定电机的额定功率，而后再根据过载系数计算得到电机的峰值功率。计算式为

$$P_{peak} = \lambda P_{rate} \tag{4-19}$$

式中，λ 为电机过载系数。

4.3.2 电机转速设定

电机转速越高，其成本越高，而且和电机转速正相关的旋转件对性能的要求也越高。对电机而言，当转速高于 10000r/min 时，配套的零部件制造工艺难度很大，这就对电机的最高转速提出了限制，但是车速由电机转速和变速器速比的耦合关系决定，为了保证最高车速和续驶里程，需要对电机基速和最高转速提出限制。

扩大恒功率区系数 β 是电机最高转速和基速的比值，电机在恒转矩区域输出的转矩和 β 正相关，能够提高汽车的加速性能和爬坡性能，但是 β 过大会导致基速偏小，汽车行驶过程中电机工作在基速附近的概率变小，从而导致电机效率偏低，电机扩大恒功率区系数一般取 2~4。

电机在额定转速附近效率较高，所以在设计参数时，根据所设计车型的定位，选择合理的电机额定转速，希望遇到最多最频繁的工况都工作在额定转速附近。同时电机的最高转速和变速器速比的乘积限制了汽车的最高车速，所以电机的最高转速应满足最高车速的要求。匹配公式如式(4-20)所示。

$$\begin{cases} n_{\max} \geqslant \dfrac{v_{\max} i_{\min} i_o}{0.377r} \\ n_b \geqslant \dfrac{v_b i_{\max} i_o}{0.377r} \\ \dfrac{n_{\max}}{n_b} \approx 3 \end{cases} \quad (4\text{-}20)$$

式中，r 为车轮半径，m；$n_{\max}$ 为电机最大转速，r/min；n_b 为电机基速，r/min；v_b 为一般工况下较频繁的行驶速度，km/h；$i_{\min}$ 为变速器最小传动比；$i_{\max}$ 为变速器最大传动比；i_o 为主减速器传动比。

4.3.3 电机转矩确定

汽车设计的最大爬坡度是指所设计汽车满载时能够长时间稳定行驶的最大坡度，所以电机额定转矩和变速器速比的耦合要满足最大爬坡度的要求。匹配公式如式(4-21)所示。

$$T_{\text{rate}} \geqslant \frac{1}{\eta_T} \times \frac{(mgf_r \cos\gamma_{\max} + mg\sin\gamma_{\max})r}{i_1 i_o} \quad (4\text{-}21)$$

式中，T_{rate} 为电机额定转矩，N·m。

汽车的起步加速和超车都是一个时间很短的过程，电机可能会在某些工况下输出峰值转矩，所以电机的峰值转矩需要满足加速性能的设计要求。过载系数是峰值转矩和额定转矩的比值，一般取 1.5~4。匹配公式如式(4-22)所示。

$$\lambda = \frac{T_{\text{peak}}}{T_{\text{rate}}} \quad (4\text{-}22)$$

式中，T_{peak} 为电机峰值转矩，N·m。

4.4 分布式驱动电动汽车驱动功率动态匹配

在基于动力性能指标和经济性能指标要求确定驱动电机、动力电池参数的静态匹配基础上，依然存在四个轮毂电机运行过程中驱动功率如何动态匹配才能使整车运行效率提高的问题。根据汽车理论知识可知，分布式驱动构型的车辆在运行过程中，可以根据路况实时灵活调配前后四个电机的驱动功率，使四个电机能够尽可能多地运行在各自的高效率区，从而达到提升经济性的目的。

4.4.1 驱动功率动态匹配的必要性

电动汽车节能机理可以从提高制动动能回收和根据路况灵活调配驱动功率两个方面来实现。图 4-3 所示为车辆行驶时滚动阻力 F_f、空气阻力 F_w、坡度阻力 F_i 和加速阻力 F_j 与车速关系曲线。实线段为目前普遍采用单台电机经一挡减速齿轮型的电动汽车加速阻力曲线；虚线段为传统汽车的加速阻力曲线，其几个阶跃是由传统汽车由换挡所造成的等效转动惯量变化引起的。

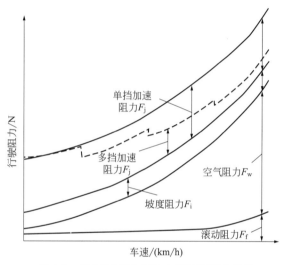

图 4-3 汽车行驶时各阻力随速度变化曲线

由图 4-3 可知，车辆匀速行驶在平路时只有滚动阻力 F_f 和空气阻力 F_w，从汽车行驶阻力与所需驱动力平衡要求的角度分析，车辆以轻载低速平路匀速行驶时的阻力较低，而车辆重载、高速、上坡、加速时的阻力较高，这两种情况所要求的驱动力往往会相差许多倍。为了满足车辆行驶工况各项指标的要求，对于现有采用单台电机驱动的电动汽车的额定功率匹配只能按最高指标来配置，但驱动电机的运行特点是在所设计的额定功率及额定转速附近运行时的效率最高，而在远离额定点时运行效率必然降低，尤其是在低负荷、低转速时效率就更低了。曾经测试用于纯电动汽车的高性能交流变频调速电机，在额定功率及其转速时效率可高于 90%，但在低转速、低转矩时效率却低于 20%。

汽车运行在测试工况时，频繁起步、加速及制动，怠速时间长，平均运行速度较低，且在匹配电机时又需满足最高车速、0～50km/h 加速和最大爬坡度的动力性要求，采用四个轮毂电机分布驱动方式能够实现前后电机的灵活配置，同时也能实现车辆运行过程中前后电机驱动功率的动态匹配，进而达到提升电机效率、降低整车能耗的目的。

4.4.2 驱动功率动态匹配的方法

根据目前驱动功率动态匹配技术的研究现状，大多是以转矩动态分配来实现驱动功率的动态匹配，根据目标控制可将驱动功率动态匹配大致分为以下三种类型。

① 以提高车辆操控稳定性为目标的转矩控制分配方法实现驱动功率的动态匹配，利用分层结构的转矩控制分配方法，以提高车辆操控稳定性为目的，采用控制分配器对各个车轮的驱动/制动转矩进行优化分配，如图4-4所示。

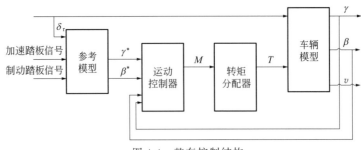

图4-4　整车控制结构

由驾驶员模型输入加速/制动踏板信号至参考模型中，参考模型通过计算得到理想的质心侧偏角以及横摆角速度，输入运动控制器，再由运动控制器判断车辆总横摆力矩需求，最后由转矩分配器将优化后的驱动/制动转矩分配到前后四个车轮上，进而实现驱动功率的动态匹配。

② 以提高经济性为目标的转矩控制分配方案实现驱动功率的动态匹配。纯电动车辆的重要性能指标之一是经济性指标，分布式驱动构型电动车辆的转矩控制分配也有大量关于以此为目标的研究。两种转矩控制分配方法即基于驱动电机效率最佳的转矩控制分配和理想驱动转矩控制分配方法来实现提高经济性。其主要控制逻辑是当判断车辆行驶在低附着路面时采用理想转矩控制分配，当判断车辆行驶在高附着路面时采用驱动电机效率最佳的转矩控制分配，从而实现整车驱动功率的灵活调配。

③ 基于目标协调的转矩控制分配方法实现驱动功率的动态匹配，以增加车辆横向稳定性为目标和改善纵向驱动转矩、加速度为目标的转矩协调控制分配方法，主要对四个车轮如何进行转矩协调控制进行研究分析。其控制逻辑如图4-5所示。

4.4.3 基于效率最佳的转矩控制分配模型

图4-6所示为电机效率MAP图，其特点是：不同的转矩和转速下的电机效率不同，而且差别较大；转速、转矩在中等范围区间的电机效率较高；转矩在

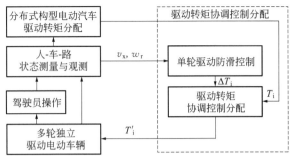

图 4-5 基于目标协调的转矩控制分配方案

较大、较小时的电机效率较低；转速在较小、较大时的电机效率较低。由此可知，要使整车的驱动效率和经济性得到提高，可以通过对四个轮毂电机的转矩进行动态分配，从而实现电机工作点的实时调节，使各轮毂电机的工作点尽可能多地落在其高效区域。因此，需建立电机效率最佳的转矩控制分配数学模型来合理分配转矩。

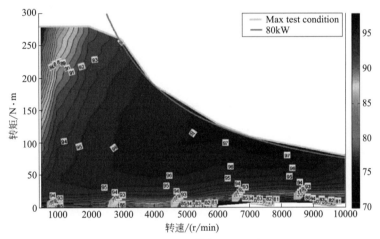

图 4-6 电机效率 MAP 图

针对两轴四轮毂电机分布式驱动的电动汽车，存在如何将四个电机转矩进行合理分配从而达到提升驱动系统运行效率的问题，目前最常见的转矩控制分配是将整车需求转矩平均分配给四个电机，很明显该转矩分配方法并不是最佳的节能转矩控制分配方法。如果将直线行驶过程中的车辆四个轮毂电机之间的转矩动态分配问题转化为前轴和后轴之间的转矩动态分配问题，将使问题简化，下面基于电机效率最佳建立转矩控制分配的数学模型。

定义车辆分配到前轴的转矩分配系数为 k，其数学模型为

$$k = \frac{T_{f1}}{T_{f1} + T_{r1}} \tag{4-23}$$

$$T_{req} = 2(T_{f1} + T_{r1}) \tag{4-24}$$

式中，T_{f1} 为分配到前轴单个电机的转矩，N·m；T_{r1} 为分配到后轴单个电机的转矩，N·m；T_{req} 为驾驶员需求驱动转矩，N·m。

由于四个轮毂电机参数依据前、后轴荷分布比例分配为前小后大型,加之考虑加速时的轴荷转移,因此限定 $T_{f1} \leqslant T_{r1}$,即 $0 \leqslant k \leqslant 0.5$。

由驱动电机的效率特性可知,驱动电机的运行效率与其转矩和转速存在函数关系,即与其当前车速(转速)下的前后电机转矩分配系数有关,该系数不同,则会导致前后电机运行在不同工作区域,从而引起驱动电机的运行效率不同。通过调节前后电机的转矩分配系数来实现驱动电机工作点的控制,以折合至车轮处的系统总效率最佳为目标,对驾驶员所需求的驱动转矩进行灵活分配。

在驱动工况下,折合至车轮处的系统总效率表示为

$$\eta_{\text{Drv}} = \frac{T_{\text{req}} n}{2 \left[\dfrac{T_{f1} n}{\eta(T_{f1}, n)} + \dfrac{T_{r1} n}{T(_{r1}, n)} \right]} = \frac{1}{\dfrac{k}{\eta_1 \left(\dfrac{k T_{\text{req}}}{2}, n \right)} + \dfrac{1-k}{\eta_2 \left(\dfrac{(1-k) T_{\text{req}}}{2}, n \right)}} \quad (4\text{-}25)$$

式中,η_{Drv} 为驱动工况下系统总效率;$\eta_1(T_{f1}, n)$ 为前轴电机效率;$\eta_2(T_{r1}, n)$ 为后轴电机效率。

在制动工况下,折合至车轮处的系统总效率表示为

$$\begin{aligned}\eta_{\text{Dece}} &= \frac{2 [T_{f1} n \eta_1(T_{f1}, n) + T_{r1} n \eta_2(T_{r1}, n)]}{T_{\text{req}} n} \\ &= k \eta_1 \left(\frac{k T_{\text{req}}}{2}, n \right) + (1-k) \eta_2 \left(\frac{(1-k) T_{\text{req}}}{2}, n \right)\end{aligned} \quad (4\text{-}26)$$

式中,η_{Dece} 为制动工况下系统总效率。

对于式(4-25)及式(4-26)中的电机转速及转矩,存在以下约束,即

$$\begin{cases} n < n_{\max} \\ T_{\text{req}} < 2 [T_{f1\max}(n) + T_{r1\max}(n)] \\ T_{f1} < T_{f1\max} \\ T_{r1} < T_{r1\max}(n) \end{cases} \quad (4\text{-}27)$$

式中,$n_{\max}$ 为电机最高转速,r/min;$T_{f1\max}(n)$、$T_{r1\max}(n)$ 分别为当前转速下前、后轴电机最大转矩,N·m。

对于转矩分配系数 k,还存在以下约束,即

$$\begin{cases} \dfrac{k T_{\text{req}}}{2} < T_{f1\max}(n) \\ \dfrac{(1-k) T_{\text{req}}}{2} < T_{r1\max}(n) \end{cases} \quad (4\text{-}28)$$

综上所述可计算得出当前转速下驾驶员所需求的驱动转矩在系统总效率最佳时的整车转矩分配系数,将结果以查表的形式运用到整车控制策略模型中,一方面可以达到提高系统总效率的目的,另一方面可以降低控制策略建模的复杂程度。

4.4.4 基于效率最佳的转矩控制分配原则

分布式驱动电动汽车电机最佳效率控制策略即为电机的转矩控制分配策略,

将整车工作模式分为驱动和制动。根据整车控制策略判断当前车辆所处的工作模式，当加速踏板信号不为零且制动踏板信号为零时，进入驱动模式；当加速踏板信号不为零且制动踏板信号不为零时，进入制动模式。两种工作模式都根据驾驶员所需转矩计算出系统效率最佳的转矩分配系数，进行轴间（或轮间）的转矩动态分配。

（1）驱动模式下

① 当驾驶员需求转矩处于较小的区间内时，即在零转矩附近的坐标轴范围内，采取单独后轴驱动，前轴两个轮毂电机不工作，使后轴电机工作在负荷率较高的情况下，以使驱动模式下系统总效率提高。

② 当驾驶员需求转矩处于较大的区间内时，前、后轴转矩按前述数学模型计算的值进行实时分配，一方面保证了驾驶员对整车需求功率和需求转矩的要求，另一方面实现了最少的瞬时能量消耗，实现汽车节能。

（2）制动模式下

① 当车速较低时，采用机械制动，而电机不参与制动。一方面，因为此时的转速较低且可回收的动能少；另一方面，若此时电机参与制动会影响制动平顺性及安全性。因此，此时不适合进行制动动能回收。

② 当车速大于某一限值且驾驶员制动转矩需求较小时，控制后轴电机参与制动，前轴两个轮毂电机不工作，以实现后轴驱动电机运行在较高负荷率下，使制动模式下系统总效率提高。

③ 当驾驶员制动转矩需求较大时，控制前后电机同时参与制动，前、后轴制动转矩则按前述数学模型计算的 k 值进行合理分配，使驱动电机的运行综合效率最佳，实现制动动能回收最大化。

第 5 章

车辆行驶状态估计

5.1 基于卡尔曼滤波的车辆行驶状态估计
5.2 卡尔曼滤波在MATLAB中的实现
5.3 车辆质心侧偏角的估计方法
5.4 分布式电动汽车的质心侧偏特性与电机电流的关系

分布式驱动是未来最有发展潜力的电动汽车框架，车辆动力学系统不仅需要实时的状态参数信息，而且车辆行驶工况复杂、存在外界干扰，车辆动力学系统面临着参数不确定与非线性的挑战，发展先进的鲁棒控制技术是实现车辆底盘动力学侧向稳定性控制的关键。车辆侧向动力学状态参数估计的研究总体思路大致分成两大类：基于运动学关系的物理模型估计和基于动力学关系的物理模型估计。

5.1 基于卡尔曼滤波的车辆行驶状态估计

准确实时地获得汽车行驶过程中的状态信息是实现车辆底盘侧向动力学主动安全控制的基础，分布式驱动电动汽车行驶的关键状态使用标准的车载传感器难以直接测量，因此这些重要的车辆状态需要估计。

5.1.1 卡尔曼滤波理论

电机输出转矩与功率均与电机工作电流有关，相对于测量驱动轮滑转率来检测其是否产生寄生功率，测量四个驱动电机的工作电流要方便得多。因此这里采用基于卡尔曼滤波的软测量技术，通过对行驶过程中前、后桥驱动电机工作电流的测量，在线推断和估计驱动轮滑转率、驱动力。

软测量就是以计算机软件代替硬件传感器，对于一些难测量或暂时不能测量的重要变量（称为主导变量），采用间接测量的方法，选择另外一些容易测量的变量（称为辅助变量），通过建立以辅助变量为输入，主导变量为输出的数学模型在线推断和估计主导变量。软测量技术大多是在成熟的硬件传感器的基础上，利用软测量模型，通过较易在线测量的辅助变量估计不可测或难测的主导变量。

为了有效解决通过控制驱动轮滑转率来控制驱动轮驱动力及分布式电动汽车空车或低负荷行驶时寄生功率过程中存在的信息不完全性问题，根据测量的驱动电机工作电流数据构造系统的状态，估计主要驱动力及寄生功率系统状态量，系统状态变量 X_t 的估计值 $\hat{X}(t)$ 应尽量接近于实际状态变量 X_t，这就是系统的状态估计问题。

从本质上讲，基于状态估计的卡尔曼滤波方法是将参数测量问题转化为状态观测和状态估计，即从可观测变量得到不可测或难测变量的估计值。设计卡尔曼估计器需要系统的状态空间模型和过程、量测噪声方差值，它是对连续或离散问题的最优解。卡尔曼滤波可分为时间更新过程（预测）和量测更新过程（校正）两部分。时间更新过程根据当前时刻的系统状态获得对下一时刻的先验估计；量测更新过程将量测和先验估计相结合，获得改进的系统的后验估计。

5.1.2 离散系统的卡尔曼滤波基本方程

设随机线性离散系统的状态方程为

$$X_k = \Phi_{k,k-1} X_{k-1} + \Gamma_{k,k-1} W_{k-1} \tag{5-1}$$

量测方程为

$$Z_k = H_k X_k + V_k \tag{5-2}$$

式中，X_k 是系统的状态向量；Z_k 是系统的观测序列；V_k 是观测噪声序列；H_k 是观测矩阵；W_k 是系统过程噪声序列；$\Phi_{k,k-1}$ 是系统的状态转移矩阵；$\Gamma_{k,k-1}$ 是噪声输入矩阵。

关于系统过程噪声和观测噪声的统计特性，假设满足

$$E[W_k] = 0, E[W_k W_j^T] = Q_k \delta_{kj}, E[V_k] = 0, E[V_k V_j^T] = R_k \delta_{kj}, E[W_k V_j^T] = 0$$

式中，Q_k 是系统过程噪声 W_k 的对称非负定方差矩阵；R_k 是系统观测噪声 V_k 的对称正定方差矩阵；δ_{kj} 是 Kronecker-δ 函数。k 时刻的观测值为 Z_k；则 X_k 的估计值可按下面的方程求解。

状态一步预测

$$\hat{X}_{k,k-1} = \Phi_{k,k-1} \hat{X}_{k-1} \tag{5-3a}$$

状态估计

$$\hat{X}_k = \hat{X}_{k,k-1} + K_k [Z_k - H_k \hat{X}_{k,k-1}] \tag{5-3b}$$

滤波增益矩阵

$$K_k = P_{k,k-1} H_k^T [H_k P_{k,k-1} H_k^T + R_k]^{-1} \tag{5-3c}$$

一步预测误差方差矩阵

$$P_{k,k-1} = \Phi_{k,k-1} P_{k-1} \Phi_{k,k-1}^T + \Gamma_{k,k-1} Q_{k-1} \Gamma_{k,k-1}^T \tag{5-3d}$$

估计误差方差矩阵

$$P_k = [I - K_k H_k] P_{k,k-1} [I - K_k H_k]^T + K_k R_k K_k^T \tag{5-3e}$$

其中，式(5-3c) 可以进一步写成为

$$K_k = P_k H_k^T R_k^{-1} \tag{5-3c1}$$

式(5-3e) 可以进一步写成为

$$P_k = [I - K_k H_k] P_{k,k-1} \tag{5-3e1}$$

或者

$$P_k^{-1} = P_{k,k-1}^{-1} + H_k^T R_k^{-1} H_k \tag{5-3e2}$$

根据式(5-3)，只要给定初值 $\hat{X}_0$ 和 P_0，根据 k 时刻的观测值 Z_k，就可以递推计算得到时刻 k 的状态估计值 $\hat{X}_k$（$k = 1, 2, \cdots$）。由式(5-3a) 和式(5-3b) 可以得到卡尔曼滤波器的结构框图，如图 5-1 所示。

图 5-1 中，滤波器的输入是系统状态的观测值，输出是系统状态的估计值。式(5-3) 的滤波算法可用图 5-2 所示的框图表示。从图 5-2 中可以明显看出，卡尔曼滤波具有两个计算回路——增益计算回路和滤波计算回路，其中增益计算回路是独立计算的，滤波计算回路依赖于增益计算回路。

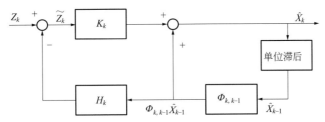

图 5-1 离散系统的卡尔曼滤波器结构框图

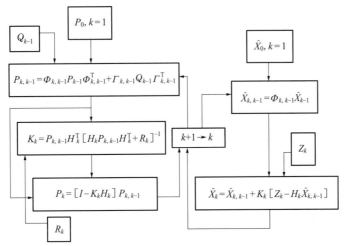

图 5-2 卡尔曼滤波算法框图

5.1.3　连续系统的卡尔曼滤波基本方程

采用递推算法是离散卡尔曼滤波的最大优点，由于其递推性，算法可以由计算机执行，不必存储大量观测数据，因此离散卡尔曼滤波在工程上得到了广泛的应用。尽管许多实际物理系统是连续系统，但只要进行离散化，就可以使用离散卡尔曼滤波方程。

连续卡尔曼滤波是根据连续时间过程中的观测值，采用求解矩阵微分方程的方法估计系统状态变量的时间连续值。连续卡尔曼滤波是最优估计理论的一部分。

连续系统的状态方程为

$$\dot{X}(t) = A(t)X(t) + F(t)W(t) \tag{5-4}$$

观测方程为

$$Z(t) = H(t)X(t) + V(t) \tag{5-5}$$

式中，$X(t)$ 是系统的状态向量；$W(t)$、$V(t)$ 是零均值白噪声向量；$A(t)$ 是系统矩阵；$F(t)$ 是干扰输入矩阵；$Z(t)$ 是观测向量；$H(t)$ 是观测矩阵。

$W(t)$ 和 $V(t)$ 相互独立，它们的协方差矩阵分别为

$$\begin{cases} E[W(t)W^{T}(\tau)] = Q(t)\delta(1-\tau) \\ E[V(t)V^{T}(\tau)] = R(t)\delta(t-\tau) \\ E[W(t)V^{T}(\tau)] = 0 \end{cases}$$

式中，$\delta(t-\tau)$ 是狄拉克（Dirac）δ 函数；$Q(t)$ 是非负定对称矩阵；$R(t)$ 是对称正定矩阵。$Q(t)$ 和 $R(t)$ 都对 t 连续。连续系统的卡尔曼滤波基本方程为

$$\dot{\hat{X}}(t) = A(t)\hat{X}(t) + K(t)[Z(t) - H(t)\hat{X}(t)] \quad (5\text{-}6a)$$

$$K(t) = P(t)H^{T}(t)R^{-1}(t) \quad (5\text{-}6b)$$

$$\dot{P}(t) = A(t)P(t) + P(t)A^{T}(t) + F(t)Q(t)F^{T}(t) - P(t)H^{T}(t)R^{-1}(t)H(t)P(t) \quad (5\text{-}6c)$$

$t \geq t_0$，且初始条件为

$$\begin{cases} \hat{X}(t_0) = E[X(t_0)] = u_x(t_0) \\ P(t_0) = \mathrm{var}[X(t_0)] = P_x(t_0) \end{cases} \quad (5\text{-}7)$$

式（5-6a）是连续卡尔曼滤波方程，矩阵 $K(t)$ 称为滤波增益矩阵。如果将 $\hat{Z}(t) = H(t)\hat{X}(t)$ 称为预测观测，则在 t 时刻观测 $Z(t)$ 提供的信息为

$$\tilde{Z}(t) = Z(t) - \hat{Z}(t) = Z(t) - H(t)\hat{X}(t) \quad (5\text{-}8)$$

这样，就可以把连续卡尔曼滤波器看作在反馈校正信号 $\tilde{K}(t)Z(t)$ 作用下的一个随机线性系统，如图 5-3 所示。

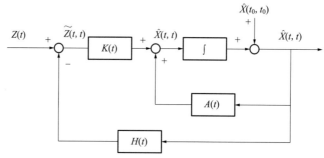

图 5-3 连续系统卡尔曼滤波器结构框图

$X(t)$ 的方差矩阵 $P(t)$ 完全由式（5-6c）决定，此方程称为 Riccati 方程，该方程可以单独离线算出。由式（5-6b）和式（5-6c），可知矩阵 $R(t)$ 必须是正定矩阵。在物理上，表示观测向量 $Z(t)$ 的每个分量都存在某种误差。式（5-6a）可改写为

$$\dot{\hat{X}}(t) = [A(t) - K(t)H(t)]\hat{X}(t) + K(t)Z(t) \quad (5\text{-}9)$$

设式（5-9）的解为

$$\hat{X}(t) = \psi(t,t_0)\hat{X}(t_0) + \int_{t_0}^{t} \psi(t,\tau)K(\tau)Z(\tau)\mathrm{d}\tau \quad (5\text{-}10)$$

其中 $\psi(t,\tau)$ 是系统的状态转移矩阵。因此当 $\hat{X}(t_0) = u_X(t_0) = 0$ 时，有

$$\hat{X}(t) = \int_{t_0}^{t} \psi(t,\tau) K(\tau) Z(\tau) \mathrm{d}\tau \tag{5-11}$$

如果令 $\psi(t,\tau) K(\tau) = \psi_K(t,\tau)$，则式（5-11）就可以简化为

$$\hat{X}(t) = \int_{t_0}^{t} \psi_K(t,\tau) Z(\tau) \mathrm{d}\tau \tag{5-12}$$

由此可见，当初始状态的平均值为零时，连续卡尔曼滤波估计值 $\hat{X}(t)$ 可以表示成观测值 $Z(t)$ 的一个特殊线性变换。

5.2 卡尔曼滤波在 MATLAB 中的实现

在 Simulink 仿真软件中也带有自适应卡尔曼滤波模块，其基本原理如图 5-4 所示。

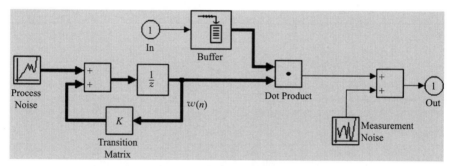

图 5-4 卡尔曼滤波的基本原理

卡尔曼滤波是一种具有最小方差最优估计的时域滤波方法，采用状态空间方法描述系统，算法采用递推形式。卡尔曼滤波器在 Simulink 中的具体结构如图 5-5 所示。在 Simulink 中，主要根据以下数学方程来建立自适应卡尔曼滤波模型，即

$$g(n) = \frac{K(n-1)u(n)}{u^{\mathrm{T}}(n)K(n-1)u(n) + Q_{\mathrm{M}}} \tag{5-13}$$

$$y(n) = u^{\mathrm{T}}(n)\hat{w}(n) \tag{5-14}$$

$$e(n) = d(n) - y(n) \tag{5-15}$$

$$\hat{w}(n+1) = \hat{w}(n) + e(n)g(n) \tag{5-16}$$

$$K(n) = K(n-1) - g(n)u^{\mathrm{T}}(n)K(n-1) + Q_{\mathrm{P}} \tag{5-17}$$

式中，n 是算法当前迭代的步数；$u(n)$ 是第 n 步的样本输入；$K(n)$ 是状态估计方差的相关性矩阵；$g(n)$ 是第 n 步的卡尔曼滤波矢量增益；$\hat{w}(n)$ 是第 n 步卡尔曼滤波矢量的估计值；$y(n)$ 是第 n 步卡尔曼滤波的输出值；$e(n)$ 是第 n 步卡尔曼滤波的估计误差；$d(n)$ 是第 n 步理想条件下的响应；Q_{M} 是观测噪声的相关系数矩阵；Q_{P} 是过程噪声的相关系数矩阵。

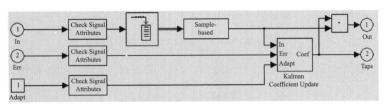

(a) 卡尔曼滤波器结构

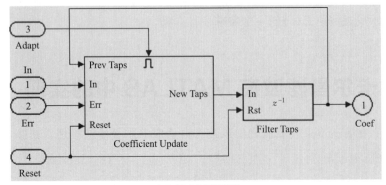

(b) 卡尔曼系数更新模块

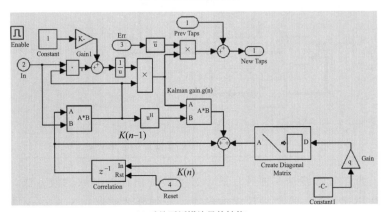

(c) 系数更新模块具体结构

图 5-5　卡尔曼滤波器在 Simulink 中的具体结构

5.3　车辆质心侧偏角的估计方法

5.3.1　车辆模型的动力学方程

车辆模型采用二自由度单轨模型，如图 5-6 所示。模型不考虑地面切向力对轮胎特性的影响，忽略车辆的载荷转移和空气阻力并认为车轮转角和车辆的质心侧偏角很小。车辆模型的动力学方程为

$$ma_y = F_{y,F} + F_{y,R} \tag{5-18}$$

$$I_z\dot{\gamma} = F_{y,F}a - F_{y,R}b \tag{5-19}$$

式中，m 为车辆的整车质量；a_y 为车辆的侧向加速度；$F_{y,F}$ 为车辆的前轴侧向力；$F_{y,R}$ 为车辆的后轴侧向力；a 为车辆的前轴到质心的距离；b 为车辆的后轴到质心的距离；I_z 为车辆的横摆转动惯量；γ 为车辆的横摆角速度。

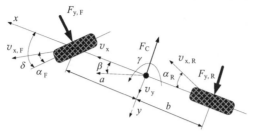

图 5-6 二自由度车辆模型

5.3.2 混合观测器的系统组成

混合观测器用于估算车辆的质心侧偏角，其由状态观测器和积分器集成。车辆质心侧偏角采用式(5-20)来估算（图 5-7）。

$$\hat{\beta} = \omega_s \hat{\beta}_s + (1 - \omega_s)\hat{\beta}_k \tag{5-20}$$

式中，ω_s 为状态观测器的估算结果的权值。

估算过程中通过状态观测器和动力学直接积分，分别估算出当前质心侧偏角的值，根据计算出的权值，估算出当前状态下的质心侧偏角。

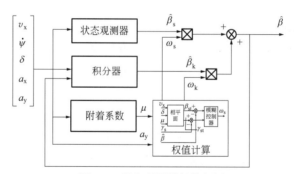

图 5-7 混合观测器整体框图

(1) 线性状态观测器

采用线性侧向力轮胎模型，即

$$F_{y,F} = C_F \alpha_F \tag{5-21}$$

$$F_{y,R} = C_R \alpha_R \tag{5-22}$$

式中，C_F、C_R 分别为前、后轴的侧偏刚度，α_F、α_R 分别为前、后轮侧偏角，可由式(5-23)、式(5-24) 得出。

$$\alpha_F = \delta - \beta - \frac{ar}{v_x} \tag{5-23}$$

$$\alpha_R = -\beta + \frac{br}{v_x} \quad (5\text{-}24)$$

$$a_y = v_x(\gamma + \dot{\beta}) \quad (5\text{-}25)$$

式中，δ 为车辆的前轮转角；v_x 为车辆的纵向速度；γ 为车辆的横摆角速度；ar、br 分别为横摆运动在前、后轮质心处的线速度。

将上述公式整理可得

$$mv_x(\gamma + \dot{\beta}) = C_F(\delta - \beta - \frac{ar}{v_x}) + C_R(-\beta + \frac{br}{v_x}) \quad (5\text{-}26)$$

$$I_z \dot{\gamma} = C_F(\delta - \beta - \frac{ar}{v_x})a - C_R(-\beta + \frac{br}{v_x})b \quad (5\text{-}27)$$

写成状态方程形式为

$$\begin{cases} \dot{x} = Ax + Bu \\ y = Cx + Du \end{cases} \quad (5\text{-}28)$$

其中

$$A = \begin{bmatrix} -\dfrac{C_F a^2 + C_R b^2}{I_z v_x} & \dfrac{C_R b - C_F a}{I_z} \\ -1 + \dfrac{C_R b - C_F a}{m v_x^2} & -\dfrac{C_F + C_R}{m v_x} \end{bmatrix} \quad B = \begin{bmatrix} \dfrac{C_F a}{I_z} & 0 \\ \dfrac{C_F}{m v_x} & 0 \end{bmatrix}$$

$$C = \begin{bmatrix} \dfrac{C_R b - C_F a}{m v_x} & -\dfrac{C_F + C_R}{m} \\ 1 & 0 \end{bmatrix} \quad D = \begin{bmatrix} \dfrac{C_F}{m} & 0 \\ 0 & 0 \end{bmatrix}$$

$$x = \begin{bmatrix} \gamma \\ \beta \end{bmatrix} \quad y = \begin{bmatrix} a_y \\ \gamma \end{bmatrix} \quad u = \begin{bmatrix} \delta \\ 0 \end{bmatrix}$$

由状态观测器的理论可知其动态方程为

$$\dot{\hat{x}} = A\hat{x} + Bu - H(\hat{y} - y) \quad (5\text{-}29)$$

$$\hat{y} = C\hat{x} + Du \quad (5\text{-}30)$$

即

$$\dot{\hat{x}} = (A - HC)\hat{x} + (B - HD)u + Hy \quad (5\text{-}31)$$

通过合理配置状态观测器的极点，可以得出状态观测器的增益矩阵 H，观测器估算原理如图 5-8 所示。

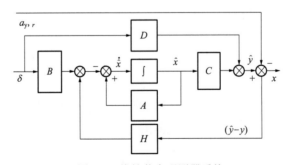

图 5-8 线性状态观测器系统

(2) 动力学积分估算模块

车辆的侧向加速度和横摆角速度由传感器直接测量得到，不可避免地存在测量噪声，积分后累积误差变大。因此积分前对传感器信号进行滤波处理。

采用卡尔曼滤波对侧向加速度和横摆角速度进行滤波处理。

$$\begin{cases} a_{y,s} = a_y + w \\ r_s = r + v \end{cases} \quad (5\text{-}32)$$

式中，$a_{y,s}$ 为传感器测得的车辆侧向加速度；r_s 为传感器测得的车辆横摆角速度；w、v 为传感器的噪声。

将式(5-33)写成状态方程并离散化可得

$$\begin{cases} x_k = Ax_{k-1} + w_k \\ z_k = Cx_k + v_k \end{cases} \quad (5\text{-}33)$$

其中

$$x = \begin{bmatrix} a_y \\ \gamma \end{bmatrix} \quad y = \begin{bmatrix} a_{y,s} \\ \gamma_s \end{bmatrix}$$

$$A = \begin{bmatrix} 1 & 0 \\ 0 & 1 \end{bmatrix} \quad C = \begin{bmatrix} 1 & 0 \\ 0 & 1 \end{bmatrix}$$

卡尔曼滤波的时间更新方程为

$$\begin{cases} \hat{x}_k^- = A\hat{x}_{k-1} \\ P_k^- = AP_{k-1}A^{\mathrm{T}} + Q \end{cases} \quad (5\text{-}34)$$

测量值更新方程为

$$\begin{cases} K_k = P_k^- C^{\mathrm{T}}(CP_k^- C^{\mathrm{T}} + R)^{-1} \\ \hat{x}_k = \hat{x}_k^- + K_k(z_k - C\hat{x}_k^-) \\ P_k = (I - K_k C)P_k^- \end{cases} \quad (5\text{-}35)$$

侧向加速度和车辆横摆角速度的卡尔曼滤波流程如图5-9所示。

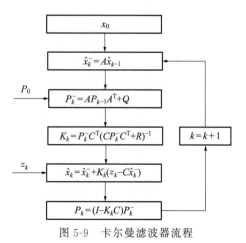

图 5-9 卡尔曼滤波器流程

不考虑纵向加速度影响时有

$$\dot{\beta} = \frac{a_y - \gamma v_x}{v_x} \tag{5-36}$$

考虑纵向加速度对估算准确性的影响则有

$$\dot{\beta} = \frac{a_y - \gamma v_x}{v_x} - \frac{a_x}{v_x}\beta \tag{5-37}$$

质心侧偏角动力学积分的估算框图如图 5-10 所示。

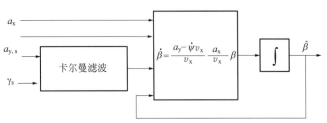

图 5-10 质心侧偏角动力学积分的估算框图

5.3.3 车辆稳定性判别

在线性区域内为充分利用状态观测器进行估算，设计车辆稳定性判别模块用于判别车辆的稳定程度，并将该稳定性因数输入模糊控制器，计算出状态观测器的权值。稳定性判别基于 β-r 相平面来设计，绘制相平面采用非线性轮胎模型魔术公式。

$$F_y = D\sin\{C\arctan[B\alpha - (EB\alpha - \arctan B\alpha)]\} \tag{5-38}$$

式中，B、C、D、E 为魔术公式的系数。

在不同车速、不同前轮转角以及不同路面附着系数下的相平面图如图 5-11、图 5-12 和图 5-13 所示。相平面图中需要关心的是三个平衡点的分布状态，并根据其分布状态判别车辆当前的稳定状态，其中两个为鞍点，一个为稳定点。

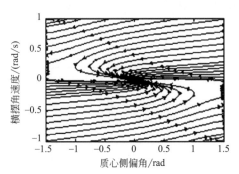

图 5-11 $v=10\text{m/s}$、$\delta=0\text{rad}$ 和 $\varphi=0.8$ 时的相平面图

根据相平面图，可得出给定工况下车辆的稳定区域，如图 5-14 所示，此时的车辆质心侧偏角与横摆角速度的关系为

$$\beta = a\gamma + b \tag{5-39}$$

$$\beta = a_1\gamma + b_1 \tag{5-40}$$

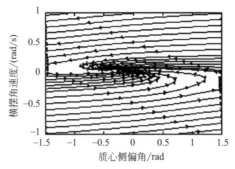

图 5-12 $v=20\text{m/s}$，$\delta=0.125\text{rad}$ 和 $\varphi=0.8$ 时的相平面图

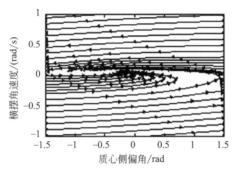

图 5-13 $v=30\text{m/s}$，$\delta=0.125\text{rad}$ 和 $\varphi=0.2$ 时的相平面图

$$\beta \geqslant \beta_l \tag{5-41}$$

$$\beta \leqslant \beta_r \tag{5-42}$$

式中，a、a_1、b、b_1、β_r、β_l 为系数，可以通过对相平面的分析得到。相平面的稳定点可描述为

$$\beta_{st}=\frac{\beta_l+\beta_r}{2} \tag{5-43}$$

$$\gamma_{st}=\frac{a(\beta_l-b_1)+a_1(\beta_r-b)}{2} \tag{5-44}$$

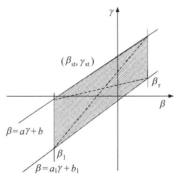

图 5-14 稳定状态下质心侧偏角与横摆角速度的关系

将不同附着系数、不同车速、不同前轮转角下的车辆相平面稳定点分别计

算并制成表格。如果横摆角速度、质心侧偏角与稳定点处的横摆角速度、质心侧偏角偏差较大，则表明车辆处于不稳定区域，反之处于稳定区域。

5.3.4 模糊控制器权值计算

采用模糊控制器计算状态观测器的权值，如图 5-15 所示。模糊控制器的输入为当前状态下的横摆角速度、质心侧偏角与稳定点处的横摆角速度、质心侧偏角的差值，输出为状态观测器的权值。车辆运行状态越稳定，状态观测器的权值就越大，反之就小。模糊控制器输入、输出的隶属度函数曲线和模糊控制逻辑曲线如图 5-16、图 5-17 所示。

$$\beta_e = \beta_{st} - \hat{\beta} \tag{5-45}$$

$$\gamma_e = \gamma_{st} - \gamma_s \tag{5-46}$$

式中，β_{st}、r_{st} 分别为车辆相平面稳定点处的车辆质心侧偏角和横摆角速度。

计算观测器权值时，用查表函数得出当前车速、当前前轮转角以及当前路面附着系数下的稳定点，输入模糊控制器计算观测器的权值。

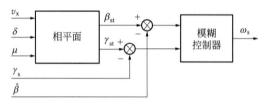

图 5-15 状态观测器权值计算框图

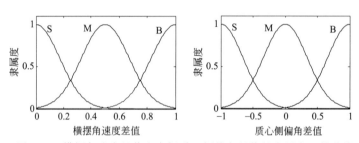

图 5-16 横摆角速度差值和车辆质心侧偏角差值的隶属度函数曲线

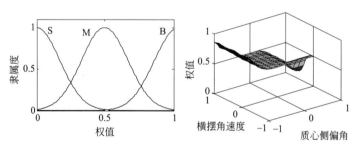

图 5-17 状态观测器权值的隶属度曲线和模糊控制器的控制逻辑

5.4 分布式电动汽车的质心侧偏特性与电机电流的关系

驱动电机的输出转矩 T_{em} 与电机工作电流 I_a 的关系为

$$T_{em} = C_M K_f I_a^2 \tag{5-47}$$

驱动电机输出的转矩经减速器调速,使整个驱动桥的驱动轮产生的驱动力 F_q 为

$$F_q = \frac{T_{em} i_g i_o \eta}{r} = \frac{C_M K_f i_g i_o \eta}{r} I_a^2 \quad \left(\frac{T_{em} i_g i_o \eta}{r} < \varphi_{max} W_q \text{ 时}\right) \tag{5-48a}$$

$$F_q = \varphi_{max} W_q \quad \left(\frac{T_{em} i_g i_o \eta}{r} \geqslant \varphi_{max} W_q \text{ 时}\right) \tag{5-48b}$$

式(5-48b)是驱动电机过载时,驱动轮产生的驱动力。在分布式电动汽车平稳行驶过程中,一般不会发生电机过载现象,因此稳态行驶时,以式(5-48a)来计算驱动轮驱动力大小。

由滑转率与驱动力的公式并结合式(5-14)可知

$$\delta_1 = A\left(\frac{C_M K_f i_g i_o \eta I_{a1}^2}{G_1 r_1}\right) + B\left(\frac{C_M K_f i_g i_o \eta I_{a1}^2}{G_1 r_1}\right)^n \tag{5-49}$$

$$\delta_2 = A\left(\frac{C_M K_f i_g i_o \eta I_{a2}^2}{G_2 r_2}\right) + B\left(\frac{C_M K_f i_g i_o \eta I_{a2}^2}{G_2 r_2}\right)^n \tag{5-50}$$

式中,G_1、G_2 分别为车辆前、后桥的载荷,对于附着性能良好的路面,取 $A=0.09$,$B=2.34$,$n=8$。

分布式电动汽车实际行驶中,由于滞后的驱动轮的拖滑会产生制动力,同时产生电动汽车的质心侧偏,但很难具体计算拖滑产生的制动力,而该制动力也是产生车辆质心侧偏的原因之一,经典的汽车动力学分析给出的车辆质心侧偏解,没有考虑拖滑产生的制动力,是不准确的。假设分布式电动汽车行驶过程中前桥驱动轮产生了拖滑,滑转率 δ_1 为负,后桥驱动轮产生了滑转,滑转率 δ_2 为正,则行驶过程中的前、后驱动轮受力如图 5-18 所示。

前桥驱动轮拖滑产生的制动力为 F_B,由电机输出的驱动力为 F_{q1},滚动阻

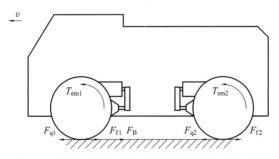

图 5-18 空载四轮驱动行驶时前后驱动轮受力示意图

力为 F_{f1}，后桥驱动轮产生的驱动力为 F_{q2}，受到的滚动阻力为 F_{f1}，由水平方向受力平衡可知（考虑到分布式电动汽车行驶时的实际情况，简化分析没有考虑迎风阻力、加速阻力与坡度阻力）：

$$F_{q1}+F_{q2}-F_{f1}-F_{f2}-F_B=0 \tag{5-51}$$

由前桥驱动轮传到后桥，需要后桥推动的制动力为

$$F_{b1}=F_{q2}-F_{f1}-F_{f2} \text{ 或 } F_{b1}=F_B-F_{q1} \tag{5-52}$$

可以看出，后桥驱动电机输出功率要大于前桥驱动电机输出功率，前桥对车辆形同产生制动力，后桥需要克服该制动力。分布式电动汽车行驶车速由后桥驱动轮转速传感器测得的转速及后桥驱动轮的滑转率来确定。由此可以间接计算出产生质心侧偏特性的循环功率 $P=F_{b1}v$，其中 $v=\omega_2(1-\delta_2)r_2$，结合式(5-51)、式(5-52)可以求得质心侧偏特性的循环功率为

$$P=\left(\frac{C_M K_f i_g i_o \eta}{r_2}I_{a2}^2-mgf\right)\left[1-A\left(\frac{C_M K_f i_g i_o \eta I_{a2}^2}{G_2 r_2}\right)-B\left(\frac{C_M K_f i_g i_o \eta I_{a2}^2}{G_2 r_2}\right)^n\right]\omega_2 r_2 \tag{5-53}$$

因此，为保证分布式电动汽车的行驶稳定性，需控制汽车质心侧偏，分布式驱动电动汽车对于质心侧偏的控制可以通过对电机电流的控制实现。

第 6 章

分布式驱动电动汽车操纵稳定性的驱动转矩控制

6.1 车辆稳定性控制目标参数分析
6.2 基于改进滑模控制算法的横摆力矩控制器设计
6.3 驱动力矩分配控制策略设计
6.4 转向工况下稳定性转矩控制仿真分析

车辆在道路参数时变的情况下，准确估计车辆质心侧偏角和路面峰值附着系数，满足驾驶员横摆意图并稳定质心侧偏角的多执行器分配控制是研究难点和热点。分布式驱动电动汽车可以独立、精确地控制各个电机的驱动转矩和制动转矩，为车辆实现操纵稳定性控制提供硬件基础。

四个车轮转矩独立可控是分布式驱动电动汽车与传统汽车的本质区别之一，采用分布式驱动系统，四个车轮转矩独立可控，车轮转矩分配比较灵活，通过合理的转矩分配，在常规工况和极限工况下，兼顾安全和节能两大指标，可提高车辆综合性能。

6.1 车辆稳定性控制目标参数分析

6.1.1 车辆稳定性表征参数

在设计转向稳定性控制策略之前，首先要明确哪些状态量能够很好地表征车辆稳定性，所设计的控制策略应控制哪些参数才能有效地避免车辆发生失稳风险。

由车辆动力学模型可知，车辆转向稳定性控制问题可归纳为两个方面：一方面是由纵向运动与侧向运动带来的车辆轨迹跟踪问题，这两个方向的运动直接决定了车辆的质心侧偏角；另一方面是由横摆运动带来的车辆稳定性问题，横摆运动可以通过车辆横摆角的大小进行描述。因此，车辆的转向特性可以通过质心侧偏角与横摆角之和构成的航向角直接反映，如式(6-1)所示。

$$\varphi = \beta + \int \gamma \, dt \tag{6-1}$$

式中，φ 为航向角；β 为质心侧偏角；γ 为横摆角速度。一般情况下质心侧偏角较小，航向角的大小由横摆角决定，最终取决于横摆角速度。即横摆角速度越大，车辆航向方向与车头方向夹角越大，转向半径也就越小，反之亦然。对于车辆转向过程，一旦质心侧偏角过大，横摆力矩与侧向力便会趋近于某一常数，车身姿态便不能跟随驾驶员对转向盘的操作，此时就不能仅用横摆角速度单独反映车辆的稳定性状况。因此，合理控制车辆的质心侧偏角与横摆角速度才能确保车辆稳定行驶。

6.1.2 非线性车辆参考模型的建立

车辆在稳定性控制过程中，参考模型起着重要作用，无论控制算法多么精确，参考模型选择不当，也无法达到很好的控制效果。线性车辆二自由度模型结构形式简单，并忽略车辆转向系统与悬架系统的影响，只针对车辆的转向特性与横摆响应进行描述，可以很好地反映驾驶员的意图。但是，在该模型使用过程中，轮胎侧偏刚度假设为一恒值。然而，从轮胎侧偏特性中可以看出，当侧偏角大于5°，侧偏刚度会随着侧偏角的增大而减小，另外，侧偏刚度还受到轮胎的高宽比、垂直载荷、气压和驱动力的影响。因此，在搭建参考模型的过程中，考虑侧偏刚度变化对系统的影响，基于魔术轮胎模型对侧偏刚度进行计算，具体流程如下。

(1) 基于魔术轮胎模型的侧向力计算

轮胎侧向力可以通过建立的魔术公式求得[式(6-2)]，具体计算参数值见表6-1。

$$F_{yi}(\alpha) = S_v + D\sin\{C\arctan[B\alpha'_i - E(B\alpha'_i - \arctan B\alpha'_i)]\} \quad (6\text{-}2)$$

$$\alpha'_i = \alpha_i + S_h \quad (6\text{-}3)$$

表 6-1　侧向力计算

参数	参数值
Y	F_y
X	α
D	$q_1 F_{zi}^2 + q_2 F_{zi}$
C	q_0
B	$q_3 \sin[q_4 \arctan(q_5 F_{zi})]/(CD)$
E	$q_6 F_{zi} + q_7$
S_h	$q_8 F_{zi} + q_9$
S_v	$q_{10} F_{zi}^2 + q_{11} F_{zi}$

形状因子 q_0 取值为 -1.3，$q_1 \sim q_{11}$ 为拟合回归参数，F_{zi} 通过式(2-7)计算得到。

(2) 车辆质心侧偏角和横摆角速度期望值计算

图6-1所示为二自由度车辆模型，为了获得车辆质心侧偏角与横摆角速度期望值，对模型 y 方向受力和绕 z 轴横摆方向受力建立平衡方程，即

$$\begin{cases} mv_x(\dot\beta + \gamma) = -(C_1 + C_2)\beta + \dfrac{bC_2 - aC_1}{v_x}\gamma + C_1\delta \\ I_z\dot\gamma = (bC_2 - aC_1)\beta - \dfrac{a^2 C_2 + b^2 C_2}{v_x}\gamma + aC_1\delta \end{cases} \quad (6\text{-}4)$$

式中，β 为质心侧偏角；C_1、C_2 分别为前、后轴侧偏刚度。考虑到侧偏刚度的变化，在进行计算时，将侧偏刚度在当前点进行线性化处理。

$$C_i = \frac{F_y}{\alpha_i} \quad (i = 1, 2) \quad (6\text{-}5)$$

当仅考虑车辆的稳态转向特性时，通过式(6-4)可以得出质心侧偏角与横摆角速度与前轮转角的关系，即

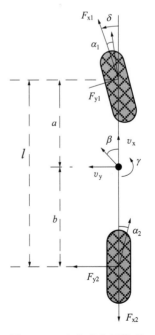

图 6-1　二自由度车辆模型

$$\beta_{\text{rad}} = \frac{b - ma v_x^2 / (C_2 l)}{l(1 + K v_x^2)} \delta \qquad (6\text{-}6)$$

$$\gamma_{\text{rad}} = \frac{v_x}{l(1 + K v_x^2)} \delta \qquad (6\text{-}7)$$

式中，K 为稳定因数。

$$K = \frac{m(bC_2 - aC_1)}{C_1 C_2 l^2} \qquad (6\text{-}8)$$

通过以上公式便可得出在一定转角和车速下，稳定性横摆力矩控制器控制参数的期望值。

6.1.3 约束目标横摆角速度的确定

通过考虑轮胎侧偏刚度的二自由度模型求出驾驶员期望控制参数 β 和 γ。质心侧偏角的调整主要通过改变车辆的侧向力，目前多采用主动转向技术对前轮转角进行调整间接调整侧偏角，从而改变轮胎侧向力。但是四轮轮毂电机驱动车辆，未装备主动转向系统，很难对侧向力进行控制。横摆角速度主要由四个车轮的纵向力与侧向力产生的横摆力矩决定，研究车辆在保证未超过路面附着极限的情况下，可以通过对各个驱动电机转矩的调整改变各个车轮的纵向力，达到横摆角速度控制的目的。值得注意的是，在控制器对各个车轮纵向力进行调节的过程中，不能忽略轮胎纵向力与侧向力相互之间存在耦合关系，此时轮胎的侧向力同样也会受到影响，有可能导致轮胎侧向附着能力下降，使轮胎所能提供的侧向力减小，导致整车质心侧偏角增大，发生侧滑的危险。因此，横摆力矩控制器控制选择横摆角速度作为控制目标，并用质心侧偏角与路面附着条件进行约束。

当前工况下，轮胎所能提高的最大横摆角速度为

$$|\gamma_{\text{max}}| = \frac{\mu g}{v_x} \qquad (6\text{-}9)$$

式中，μ 为当前工况下路面附着系数。

采用质心侧偏角当前值与期望值之间的差，对横摆角速度进行约束，即当 $\Delta \beta$ 超过阈值时，代表此时质心侧偏角过大，车辆失稳风险较大，不宜进行过度横摆力矩的调整，应适当减小轮胎纵向力的调整量，降低对轮胎侧偏特性的影响。

定义

$$\begin{cases} \Delta \gamma = |\gamma - \gamma_{\text{rad}}| \\ \Delta \beta = |\beta - \beta_{\text{rad}}| \end{cases} \qquad (6\text{-}10)$$

则通过质心侧偏角约束后的横摆角速度为

$$\gamma_d = \begin{cases} \Delta \gamma k_\gamma + \gamma, & \text{若 } \gamma_{\text{rad}} > \gamma \\ \Delta \gamma k_\gamma + \gamma, & \text{若 } \gamma_{\text{rad}} \leq \gamma \end{cases} \qquad (6\text{-}11)$$

式中，k_γ 为与 $\Delta \beta$ 负相关的调整系数，且 $0 \leq k_\gamma \leq 1$。

结合以上两种约束，最终横摆角速度控制目标为

$$\gamma_{\text{tar}} = \min(\gamma_{\text{d}}, \gamma_{\max}) \text{sign}(\delta) \tag{6-12}$$

6.2 基于改进滑模控制算法的横摆力矩控制器设计

设计横摆力矩控制器，根据实际横摆角速度与 6.1 节约束后目标横摆角速度的差值作为横摆力矩控制器的输入，附加横摆力矩作为输出。各国学者针对主动横摆力矩控制的设计提出多种控制算法，主要包括 PID 控制、模型预测控制、模糊控制、逻辑控制与滑模控制等。为了选择合适的控制算法，对所述算法进行优缺点的对比分析，如表 6-2 所示。

表 6-2 算法的优缺点的对比

常见控制算法	优点	缺点
PID 控制	算法较为简单,对系统模型的依赖性较低,有较高的可靠性,应用较广	自适应性较差,参数整定方案复杂,不太适合非线性、时变性较强的控制系统
模型预测控制	对模型要求不高,滚动的优化策略,具有较好的动态控制效果,鲁棒性较好	只适用于慢动态过程和具有高性能计算机的环境。从应用对象来看,主要还限于线性或准线性过程
模糊控制	不需要精确的数学模型,可以减少复杂的数学模型带来的错误,适应性较强	模糊规则的制定对设计经验要求较高,相对比较繁琐
逻辑控制	简单可靠,控制参数少	控制参数选择时需要积累较多的实践经验
滑模控制	系统参数变化与外部扰动无关,适应性较好,响应较快,对参数变化不灵敏,鲁棒性好	控制开始时在滑模面附近产生高频振动

基于以上分析，考虑到整车稳定性控制是一个较为复杂的控制系统，轮胎和地面的摩擦特性与外界环境的干扰导致该系统具有明显的非线性、不确定性、时变性，对控制算法的适应性与鲁棒性要求较高，因此采用滑模控制对横摆力矩控制器进行设计。另外，为了避免该算法给系统控制量带来的"抖振"问题，引入先进控制理论（神经网络）对传统滑模控制算法中滑模增益进行优化改进。

6.2.1 滑模控制理论分析

（1）滑动模态定义及数学表达

对于一般系统

$$\dot{x} = f(x) \quad x \in R^n \tag{6-13}$$

设在状态空间中存在一切换面 $s(x) = s(x_1, x_2, \cdots, x_n) = 0$，将整个系统分

为 $s>0$ 和 $s<0$ 上下两部分,如图 6-2 所示。

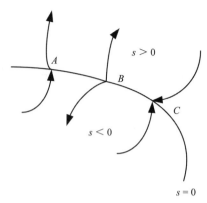

图 6-2 切换面

切换面上存在三种点影响着系统的运动轨迹,分别为通常点(点 A)、起始点(点 B)、终止点(点 C)。

通常点——系统运动轨迹从该点穿越而过。

起始点——系统运动轨迹由切换面上该点起始,并向两端发散。

终止点——与起始点相反,系统运动轨迹由两端向切换面上该点趋近。

对于滑模控制来说,发散性的起始点与通常点是没有任何意义的,而收敛性的终止点却不同,假如切换面上存在某个区域,所有在该区域内的点都为终止点时,系统运动点一旦在该区域附近运动,都将会被终止点"吸引"到该区域内。该区域在滑模控制中被称为滑动模态区,运动点在该区域被吸引的过程称为滑模运动,切换面称为滑模面。

当切换面上某一区域都为终止点时,系统在滑膜面附近运动时必须满足

$$\lim_{s \to 0^+} \dot{s} < 0, \lim_{s \to 0^-} \dot{s} > 0 \tag{6-14}$$

也可以写为

$$\lim_{s \to 0} s\dot{s} < 0$$

设一个函数

$$V(x_1, x_2, \cdots, x_n) = [s(x_1, x_2, \cdots, x_n)]^2 \tag{6-15}$$

根据控制理论可知,给出的式(6-15)可以作为系统的一个李雅普诺夫函数,即在式(6-14)成立的前提下有

$$\dot{V} = s\dot{s} < 0$$

此时,系统将趋于稳定。

(2) 滑模变结构控制的定义

首先,假设某一控制系统

$$\dot{x} = f(x, u, t) \tag{6-16}$$

式中,$x \in \mathbb{R}^n$、$u \in \mathbb{R}^m$,分别为系统的状态量和控制量;$t \in \mathbb{R}$ 为时间变量。x、u 分别为系统的状态变量和输入变量,n、m 分别表示系统状态变量和输入变量的维数,$\mathbb{R}$ 表示实数域。控制量 $u = u(x, t)$。

然后,确定切换面函数

$$s(x,t)=0 \quad s\in \mathrm{R}^m \tag{6-17}$$

最后，求解控制律函数

$$u_i(x,t)=\begin{cases} u_i^+(x,t), s_i(x,t)>0 \\ u_i^-(x,t), s_i(x,t)<0 \end{cases} \tag{6-18}$$

这里的变结构具体体现为，控制量可以任意变化并且满足以下条件。

① 切换面存在某一滑动模态区，即式(6-18)成立（存在性）。

② 切换面 $s(x,t)=0$ 以外的相轨迹区域，通过施加控制后，必须在有限的时间到达切换面（可达性）。

③ 滑模运动要保证其稳定性（稳定性）。

通过以上分析，滑模变结构控制的设计主要集中在以下两点：切换面函数与控制律。切换面函数和控制律的选择是否合适，直接影响着控制系统的动态品质。

6.2.2 横摆力矩控制器设计

通过对车辆稳定性控制参数的分析，设计横摆力矩控制器，选择实际横摆角速度与约束后的目标横摆角速度的差值作为控制器的跟踪误差。

$$e=\gamma-\gamma_\mathrm{d} \tag{6-19}$$

考虑到控制系统对滑模面设计的要求较高，在结合系统复杂度的基础上，设计包含误差积分的滑膜面函数为

$$s=\gamma-\gamma_\mathrm{tar}+\lambda\int_0^t(\gamma-\gamma_\mathrm{tar})\mathrm{d}t \tag{6-20}$$

式中，λ 为正加权系数。

对式(6-20)滑模面求导得

$$\dot{s}=\dot{\gamma}-\dot{\gamma}_\mathrm{tar}+\lambda(\gamma-\gamma_\mathrm{tar}) \tag{6-21}$$

滑模规律推导，由车辆七自由度模型可得车辆横摆运动方程为

$$\begin{cases} M_z=I_z\dot{\gamma}=M_1+M_2 \\ M_1=F_{y1}a\cos\delta_1+F_{y2}a\cos\delta_2-F_{y3}b-F_{y4}b+lF_{y1}\sin\delta_1-lF_{y2}\sin\delta_2 \\ M_2=F_{x1}a\cos\delta_1+F_{x2}a\sin\delta_2-lF_{x1}\cos\delta_1-lF_{x3}+lF_{x4}+lF_{x2}\cos\delta_2 \end{cases} \tag{6-22}$$

式中，M_1 为地面提供横摆力矩；M_2 为附加横摆力矩。力矩分配层就是采用调整四轮驱动力的形式，提供附加横摆力矩 M_2，从而调整整车转向所需横摆力矩。

横摆力矩控制器的设计采用等效控制和监督控制相结合的方法：一方面等效控制采用等效控制函数 U_eq，保证系统在滑模面上运动；另一方面监督控制采用等速趋近率 U_r，保证在存在外界环境的影响下，系统能够正确地回到非线性滑模面上。因此

$$U=U_\mathrm{eq}+U_\mathrm{r} \tag{6-23}$$

另 $\dot{s}=0$，可得等效控制律为

$$U_{eq}=I_z[\dot{\gamma}_{tar}+\lambda(\gamma-\gamma_{tar})]-M_1 \tag{6-24}$$

选取等速趋近律

$$\dot{s}=-k\,\text{sgn}(s) \tag{6-25}$$

式中，k 为滑模切换增益。

将式(6-24)、式(6-25) 代入式(6-23) 中可得附加横摆力矩为

$$\Delta M=U_{eq}+U_r=I_z[\dot{\gamma}_{tar}+\lambda(\gamma-\gamma_{tar})]-M_1-k\,\text{sgn}(s) \tag{6-26}$$

为了验证横摆力矩控制系统的稳定性，定义 Lyapunov 函数，即

$$V=\frac{1}{2}s^2 \tag{6-27}$$

$$\dot{V}=s\dot{s} \tag{6-28}$$

将式(6-25) 代入式(6-28) 得

$$\dot{V}=s\dot{s}=[-k\,\text{sgn}(s)]s=-k|s| \tag{6-29}$$

若系统稳定，则 $k>0$。

6.2.3　基于 RBF 神经网络的横摆力矩控制器的改进

针对滑模控制过程中产生抖振的问题，选用等速趋近律来保证系统的趋近运动，但是滑模切换增益 k 是恒定的，当 k 选择较小时，虽然可以减少系统抖振，但是系统的趋近速度较慢；当 k 选择较大时，虽然趋近速度得到了提高，但是系统抖振会相对严重。为了提高滑膜控制动态品质，通过 RBF 神经网络对滑模控制中切换增益进行优化，将趋近律修改为

$$\dot{s}=-k(t)\,\text{sgn}(s) \tag{6-30}$$

神经网络算法常常被用来解决一些复杂的优化问题，利用相应准则进行自适应学习，可以在全局范围内找寻到最优解，而且在一些多信息的处理上，神经网络可以实现并行处理，另外，系统控制过程中存在参数摄动或外界噪声的影响时，神经网络算法可以提前进行预测与判断，鲁棒性与容错性较好。RBF 神经网络作为前馈型神经网络的一种，不同于 BP 神经网络的多层网络结构，结构较为简单，仅需要三层就可以实现大范围的数据融合，而且由于其结构简单，在训练速度方面也有很大的优势。如图 6-3 所示为所设计的 RBF 神经网络结构。其中，$x=[s,\dot{s}]^T$ 作为 RBF 神经网络的输入量，并设计六个隐含层节点，输出为切换增益 k。

RBF 神经网络第一部分为输入层到隐含层的连接，隐含层从 $x_i \rightarrow h_j$ 的映射是一种中心点径向对称衰减的非负非线性函数，可表示为

$$h_j=f_j(x_1,x_2) \tag{6-31}$$

式中，$j=1,2,\cdots,6$，$f(x)$ 称为径向基函数。径向基函数有多种算法，通常采用的是高斯函数，即

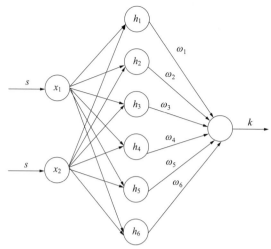

图 6-3 RBF 神经网络结构

$$h_j = \exp\left[-\frac{(X-c_j)^2}{2b_j^2}\right] \tag{6-32}$$

式中，c_j 为基函数中心；b_j 为基函数围绕中心点的宽度。两值都可根据实际情况选择。

RBF 神经网络第二部分为隐含层到输出层的连接，其本质为一种加权求和线性运算，可表示为

$$k = \sum_{j=1}^{6} w_j h_j \tag{6-33}$$

式中，w_j 为神经网络的输出权值，其值为可调参数。

基于以上分析，RBF 神经网络算法重点在于基函数中心、宽度与权值的学习，一旦确定这些参数，输出值则可通过求解线性方程求得。神经网络学习算法有多种，采用一种混合学习方法——自组织选取中心点法，该方法最大的特点是中心和权值的确定相互独立，计算过程简单，效果较好。

滑模变结构控制算法的控制目标为 $s\dot{s}\to 0$，因此将目标误差函数定义为

$$E = s(t)\dot{s}(t) \tag{6-34}$$

① 基函数中心的确定。

第一步，初始化中心 $c_j(0)$，选择样本向量的前 k 个值，初始迭代步数 $t=0$。

第二步，确定最小欧式距离节点。

$$d_r = \min[x(t)-c_j(t-1)], j=1,2,L,k \tag{6-35}$$

第三步，调整中心。

$$\begin{cases} c_r(t+1) = c_r(t) + \eta[x(t)-c_r(t)], j=r \\ c_j(t+1) = c_j(t), j\neq r \end{cases} \tag{6-36}$$

式中，η 为学习步长。

第四步，判别。如果 $c_j(t+1) = c_j(t)$，则终止；否则转第二步。

② 基函数宽度的确定。
当 RBF 神经网络选择高斯函数，则基函数宽度为

$$b = \frac{d_{\max}}{\sqrt{2J}} \tag{6-37}$$

式中，J 为隐单元个数；$d_{\max}$ 为最大欧氏距离。
③ 学习权值。
采用最小二乘法直接计算权值，即

$$w_j = \exp\left[\frac{J}{d_{\max}^2}(x_p - c_j)^2\right], p = 1, 2, \cdots, P, j = 1, 2, \cdots, 6 \tag{6-38}$$

式中，p 为样本数。

6.3 驱动力矩分配控制策略设计

依据横摆力矩控制器算法，据此可以得出整车所需附加横摆力矩，下层驱动力分配控制器主要任务就是合理地分配四轮驱动力，使其一方面满足整车驱动力的需求，另一方面满足附加横摆力矩的要求。

$$\begin{cases} F_{x1} + F_{x2} + F_{x3} + F_{x4} = \sum F \\ F_{x1}a\sin\delta_1 + F_{x2}a\sin\delta_2 - lF_{x1}\cos\delta_1 - lF_{x3} + lF_{x4} + lF_{x2}\cos\delta_2 = M_2 \end{cases} \tag{6-39}$$

车辆在行进过程中，为了减少车轮滑转，只需保证轮胎受到的合力小于当前附着系数下路面所能提供的最大摩擦力，即

$$\sqrt{F_{xi}^2 + F_{yi}^2} < \mu F_{zi}$$

可以看出，当一侧车轮驱动转矩增大时，轮胎所能提供的侧向力裕度将会减小，如果继续增大驱动转矩，有可能会出现侧滑。因此，在驱动力分配过程中，应考虑到对侧向力的影响。另外，轮毂电机本身驱动能力的限制也不能忽视，即

$$F_{xi} \leqslant T_{\max}/R_r$$

从另外一个角度来看，地面所能提供的最大摩擦力不仅与当前路面附着系数有关，还和车轮所受垂直载荷成正比。由车轮模型可知，四个车轮在车辆行进过程中，尤其是在加速转弯时，所受垂直载荷是变化的。

因此，可以根据垂直载荷转移的这种动态特性，对四轮驱动转矩进行分配。通俗地讲，四车轮谁的垂直载荷大，谁的附着力极限就高，谁就会被分配更多的驱动力。这样便可以将四个车轮的附着能力利用到最大，有效地减少车轮滑转的风险。采用的整车驱动力按轴载比例分配模式如下。

各个车轮垂直载荷由式 (6-39) 已经给出，因此前、后轴车轮分配比例可表示为

$$\kappa_1 = \frac{F_{z1} + F_{z2}}{F_z}, \kappa_2 = \frac{F_{z3} + F_{z4}}{F_z} \tag{6-40}$$

式中，κ_1、κ_2 分别为前、后轴分配系数。

由于转向角 δ_1、δ_2 相差较小，为了减少系统计算量，假设

$$\delta_1 = \delta_2 = \delta \tag{6-41}$$

将式(6-40)、式(6-41) 代入式(6-39) 即可求出四轮驱动力，即

$$\begin{cases} F_1 = \dfrac{\sum F}{4} + \dfrac{M_2 - \dfrac{\sum F}{4}(2a\sin\delta)}{2l\left(\cos\delta + \dfrac{\kappa_2}{\kappa_1}\right)} \\ \\ F_2 = \dfrac{\sum F}{4} - \dfrac{M_2 - \dfrac{\sum F}{4}(2a\sin\delta)}{2l\left(\cos\delta + \dfrac{\kappa_2}{\kappa_1}\right)} \\ \\ F_3 = \dfrac{F_1 \kappa_2}{\kappa_1} \\ \\ F_4 = \dfrac{F_2 \kappa_2}{\kappa_1} \end{cases} \tag{6-42}$$

通过式(6-40) 对式(6-42) 进行限制，即可得到最终的分配结果。

6.4 转向工况下稳定性转矩控制仿真分析

6.4.1 仿真平台

针对提出的横摆力矩控制算法与驱动力分配算法对提高转向工况下车辆稳定性的有效性，考虑到实际工况较为危险，可利用 CarSim 与 Simulink 设计仿真试验平台进行验证。

利用 Carsim 软件强大的扩展性，复杂的控制系统与动力学算法在 MATLAB/Simulink 中完成，最后通过输入/输出接口进行联合，即可搭建出一个完善的汽车动力学仿真系统，如图 6-4 所示。

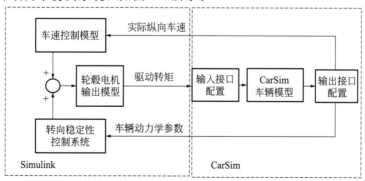

图 6-4 车辆联合仿真模型示意

搭建模型如图 6-5 所示。

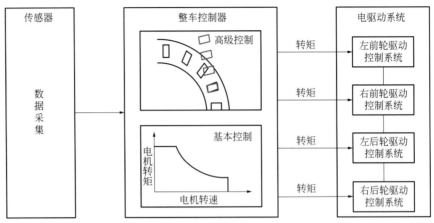

图 6-5 传动系统结构

为提高模型精度，CarSim 车辆模型参数均来源于改装后试验样车。相关参数见表 6-3。

表 6-3 车辆参数

符号	参数名称
m	车辆总质量
$a+b$	轴距
a	车辆质心至前轴的距离
b	车辆质心至后轴的距离
d	轮距
I_z	车辆绕 z 轴转动惯量
R_f	车轮滚动半径
K	稳定性因子
A	迎风面积
ρ	空气密度
C_D	空气阻力系数
f	滚动阻力系数

6.4.2 仿真试验设计与分析

分别进行驾驶员转向盘角阶跃输入和正弦输入工况仿真试验，验证提出的转向工况下稳定性驱动转矩控制策略。其中，无控制状态下轮毂电机驱动车辆采用平均分配的方式分配车轮驱动转矩。

(1) 转向盘角阶跃输入工况下仿真分析

工况设置：路面附着系数 φ 为 0.8，轮毂电机驱动车辆以 60km/h 的速度匀速前行，第 3s 时给转向盘 1rad 的阶跃转向角输入，如图 6-6 所示，随后保持该转向角进行转向行驶。

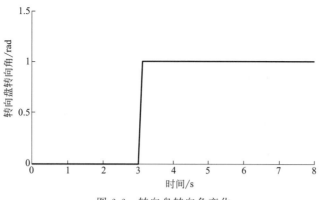

图 6-6 转向盘转向角变化

仿真结果如下。

由图 6-7 可知,在转向工况下基于 RBF 神经网络改进滑模控制的横摆力矩控制器与传统滑模控制器相比,对于系统抖振现象起到很好的抑制作用,且效果理想。由图 6-8 可知,转向过程中,在速度控制模块作用下,车速只有轻微下降,并立即恢复到驾驶员需求的转速,而无控制状态下,车速下降较为严重。由图 6-9 可知,车辆转向过程中,各轮毂电机驱动转矩各不相同,不再是平均分配的形式,这是因为车辆在转弯过程中,主动横摆力矩控制环起作用,通过力矩分配层使内、外侧车轮产生不同的驱动转矩,并且同侧转矩相差不大,从而使车辆产生一个附加横摆力矩。另外,由图 6-10 可知,在转向稳定性控制器的作用下,车辆的转向半径明显小于未施加控制的车辆。因此,转向稳定性控制器通过产生附加横摆力矩,很好地改善了车辆转向性能。

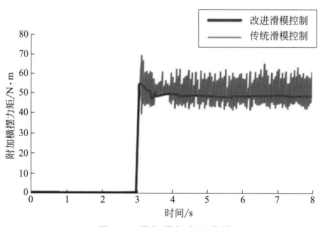

图 6-7 附加横摆力矩曲线

由图 6-11 和图 6-12 可知,在高附着路面行驶时,无控制车辆虽然未发生失稳,但车辆在转向过程中横摆角速度、质心侧偏角都与期望值相差较大,且都不能趋于稳定。然而对于施加转向稳定性控制的车辆而言,车辆横摆角速度可以很好地跟随期望值,质心侧偏角也保持在一个很小的稳定范围内。转向稳定性控制器可以很好地提高车辆稳定性,降低失稳风险。

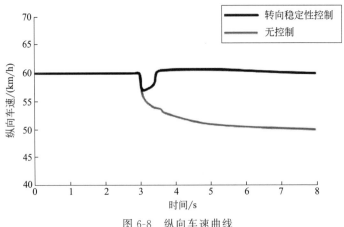

图 6-8 纵向车速曲线

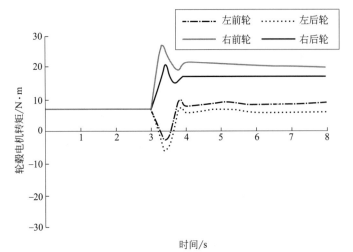

图 6-9 轮毂电机转矩输出曲线

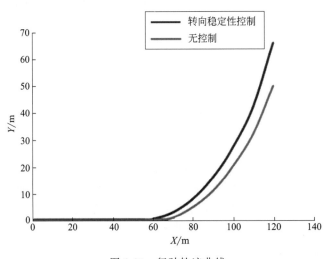

图 6-10 行驶轨迹曲线

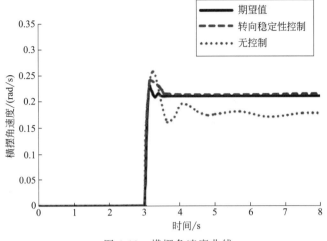

图 6-11 横摆角速度曲线

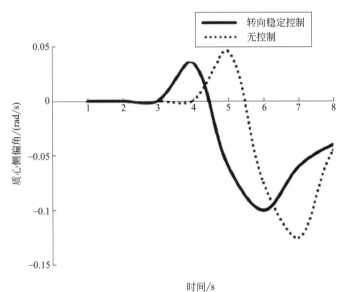

图 6-12 质心侧偏角曲线

图 6-13 和图 6-14 所示分别为车辆在无控制状态，即轮毂电机转矩平均分配下，车轮的旋转线速度曲线与滑转率曲线。可以看出，即使四个车轮转矩相同，一旦车辆进行转向，各车轮的转速也不同。另外，由车轮滑转变化情况可以看出，其值都很小，车辆在转向过程中不存在侧滑现象。因此，可以验证自适应差速原理，只要车轮驱动转矩未超过路面附着极限，车轮转速会通过车架之间内力自适应差速完成转向。

(2) 转向盘角正弦输入工况下仿真分析

工况设置：路面附着系数 φ 为 0.4，轮毂电机驱动车辆以 90km/h 的速度匀速前行，第 2s 时给转向盘转向角正弦输入。如图 6-15 所示，一个正弦周期为 2s，并且一个周期结束后转向盘稳定在中间位置。

仿真结果如下。

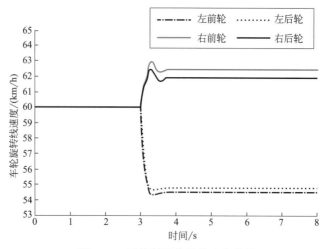

图 6-13 无控制下旋转线速度曲线

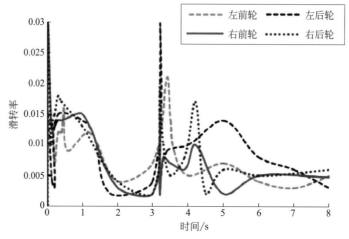

图 6-14 无控制下滑转率曲线

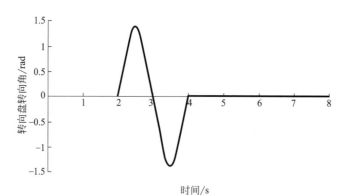

图 6-15 转向盘转向角变化

车辆在转向角正弦输入情况下，需要完成两次转向过程，由图 6-16 可知，施加转向稳定性控制的车辆轨迹更加平稳。另外，由图 6-17 可知，在车速控制模块与转向稳定性控制模块下，车辆的纵向车速只有轻微浮动，而未施加控制的车辆，车速则下降得非常厉害。由图 6-18 可知，车辆在不施加任何控制的状态下，明显已经发生了失稳，横摆角速度与质心侧偏角在 3.5s 时大幅度增加，车辆轨迹也明显偏离。这是由于此时车辆发生了侧滑。在转向稳定性控制下的车辆则能很好地完成驾驶员的转向操作，横摆角速度很好地控制在期望值附近，基本也呈现正弦变化，质心侧偏角保持很小，最终可以收敛到零（图 6-19），并且车辆轨迹也呈正弦变化，这也非常符合驾驶员的操作意图。因此，在车辆易发生失稳的工况下，车辆转向稳定性控制可以很好地保证车辆稳定行驶。

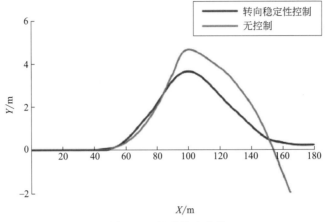

图 6-16　行驶轨迹曲线

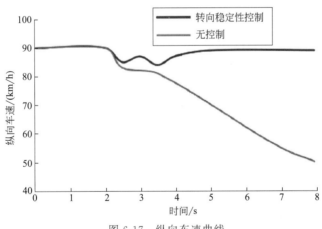

图 6-17　纵向车速曲线

由图 6-20 可知，车辆在转向过程中，垂直载荷发生变化，这是由于侧向加速度与纵向加速度的作用下，车辆垂直载荷由内侧车轮向外侧车轮转移。图 6-21 所示为遵循动态垂直载荷分配规律下的轮毂电机驱动转矩，可以看出，附加横摆力矩分配结果趋势与载荷变化相同，即附着能力越大的轮胎发挥的驱动能力越大。虽然在此过程中驱动力有所波动，但是不会产生高频振荡，对系统不会造成影响。从滑转率的变化情况来看，由图 6-22 可知，由于在低附着路面下转向，在转向瞬间滑转率有所起伏，由于附加横摆力矩的介入，通过动态载荷分配，各个车轮滑转率均较小，在最佳滑转率 0～10％区间内。很明显，稳定性控制策略可以很好地使车辆避免侧滑等其他危险状况的发生。

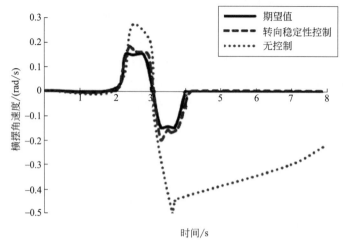

图 6-18 横摆角速度曲线

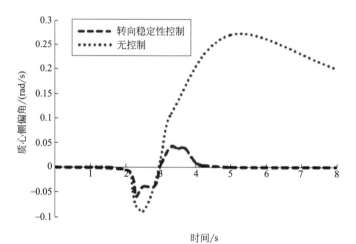

图 6-19 质心侧偏角曲线

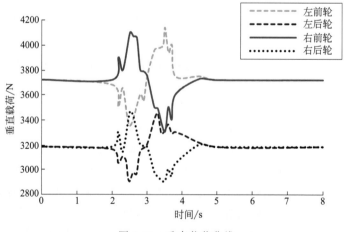

图 6-20 垂直载荷曲线

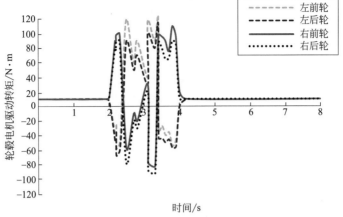

图 6-21 驱动转矩曲线

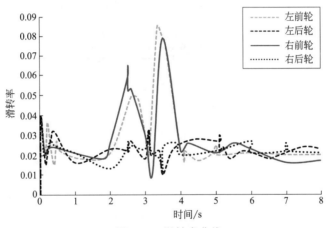

图 6-22 滑转率曲线

第 7 章

分布式驱动电动汽车的电子差速控制

7.1 电子差速方案分析
7.2 电子差速控制策略
7.3 差速算法的建模
7.4 电子差速的设计
7.5 电子差速仿真分析

电子差速（EDS）是完全采用电控方式控制各车轮的转速，使车轮以不同速度转动，如果各车轮转速满足 Ackermann 转向模型条件，可使电动汽车实现电子差速转向控制。在这个理论指导下，可以认为在省略传统的转向机构的基础上，甚至还可以省略控制车轮转角的转向电机，也能达到控制电动车转向的目的。

分布式驱动电动汽车有别于传统汽车的地方在于其动力分配的灵活性，各轮可独立驱动，电机系统的引入增加了车辆的自由度，而取消了机械差速器对车轮间能量约束的同时，也使其各轮间的转矩难以协调控制，引发行驶不稳定问题。尤其在车辆转向时，由于内、外侧车轮需具备不同的转速，需合理分配内、外侧车轮转矩，在保证差速的同时，处理好车轮滑转问题。

7.1 电子差速方案分析

7.1.1 差速的重要性

车辆行驶中，往往无法保证在同一时间内各轮的行驶路径长度完全一致。由前述的分析可知，车辆在转向时，汽车外侧车轮的滚动轨迹始终比内侧车轮的长。往往被忽略的是，即使车辆沿直线行驶，也会因各轮所接触的路面情况不同，或由于胎压不一致、载荷变化、轮胎磨损程度的不同，以及制作误差引起的车辆结构上的偏差导致的滚动半径不一致，而引起各轮运行轨迹的差异。

在这些情况下，如果车辆两侧车轮是刚性连接的，则两侧车轮的轮速必然相等，而为了满足路径上的不同，必然导致车轮滑转或滑移，造成轮胎不必要的磨损。若此时两侧车轮为驱动轮，则滑转车轮动力损失，滑移车轮欠缺驱动，连接两侧车轮的驱动轴由于两侧车轮路面阻力矩相反而导致转矩过载，最终消耗无益的功率和燃料。不仅如此，由于车轮滑转或滑移带来的轮胎附着力损失将使车辆操控性变差。尤其是在车辆转向时，车轮若有过大的滑转或滑移，易使车辆侧向路面附着力丧失，转向性能和制动性能变差，引起车辆侧滑从而引发交通事故。

为了满足单一燃油发动机动力输出的要求，又兼顾车辆各轮需具备路程差的运动学特性，传统汽车通过装配机械差速器来实现驱动车轮单一驱动力与不同转速需求的平衡。而对于分布式驱动电动汽车来讲，汽车的各个车轮均独立驱动，也不存在刚性连接，从一定意义上讲并不存在单一驱动力与多转速需求上的矛盾。在车辆纯滑行的情况下，若忽略电机输出轴的阻力，分布式驱动电动汽车在路面阻力矩的作用下完全可以实现自然差速。然而，在动力可独立分配、各轮转速不相互约束的状况下，不得不面临另外一个问题，在驱动电机高精度快响应的转矩输出作用下，不合理的转矩分配将引起车轮转速非期望突变，无法与实际运动轨迹相匹配，引起车轮滑转或滑移，其恶劣影响与未装配机械差速器的传统汽车并无区别。因此，对于分布式电动汽车来说，轮间差速同样重要。

7.1.2 机械差速器原理

探究电子差速控制策略之前，有必要先理解传统机械差速器的原理。最为常见的机械差速器为锥形齿轮差速器，其结构如图 7-1 所示。行星齿轮可绕从动齿轮壳体垂直于输出轴自转，同时又可连同从动齿轮壳体一起公转。汽车动力通过驱动轴主动齿轮传递给从动齿轮，最终通过两根输出轴将动力传递给两侧车轮。

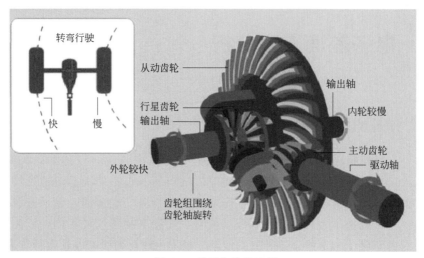

图 7-1　锥形齿轮差速器

当车辆在平整路面直线行驶时，若两侧车轮均无滑转或滑移（忽略两侧车轮差异性的影响），根据车辆模型可知，此时两侧车轮外部阻力（含滚动阻力、风阻等）相等，则两输出轴作用于行星齿轮上的阻力矩大小相等而方向相反。因此，行星齿轮不产生自转，只连同从动齿轮壳体一同公转，且输出轴转速与从动齿轮壳体转速一致。而当车辆转向时，根据车辆运动学可知，此时外侧车轮转速升高，内侧车轮转速降低，为满足转速变化，车轮必然发生滑转或滑移，行星齿轮则以车轮滚动阻力的变化来建立新的平衡。外侧车轮滑移，内侧车轮滑转，产生两个方向不同的附加作用力，通过驱动轴作用于行星齿轮上，打破了行星齿轮的力学平衡，迫使行星齿轮自转，从而实现差速。可见，锥形齿轮差速器差速的源动力来自于车轮阻力矩的变化。而行星齿轮为了建立力学平衡，其最终作用于输出轴的有效输出转矩将趋向于车轮阻力矩较小的一侧，而多出的部分则为行星齿轮自转转速提升提供功率支持。可见，有如锥形齿轮差速器此类的开放式差速器，其最终的两侧车轮输出的有效转矩相等（忽略行星齿轮自转摩擦）且取决于车轮阻力矩较小的一侧。因此，当车辆在某些路况较差的路面上行驶时，装配锥形齿轮差速器的汽车将会由于某侧车轮附着力的丧失而导致动力白白流失，引起车轮滑转甚至空转。

然而，由于路面情况差引起的滑转并非期望。为了实现差速的同时又兼顾车辆在较差路况下的通过能力，越来越多的车辆装配了具备限滑功能的机械差速器。此类差速器均加入了限制车轮滑转的机械结构，如多片式离合差速器通过多片离合器产生转矩差实现限滑，托森差速器则利用蜗轮蜗杆力的单向传输特性防止附着力低侧车轮滑转，锁止式差速器可通过电子控制关闭差速功能以保证动力输出。差速的概念已经不再是单纯地实现转向时的内、外侧车轮转速差，而更进一步地要求车辆在保证差速的同时仍保证车辆的可操控性，滑转控制已然成为差速器的更高要求。

7.1.3 电子差速方案

电子差速实现了车轮之间的转速差，其根本目标在于实现车轮之间的协调控制。电子差速控制策略更多地强调突出分布式驱动电动汽车在驱动控制上的独立性，而忽略了车轮之间的协调处理。目前主要有两种电子差速控制思想，转速控制法和滑转率控制法。

(1) 转速控制法

转速控制法借助 Ackermann 转向模型，根据转向角确认各驱动轮的目标转速，然后通过 PID 对每个驱动轮实现转速闭环控制。从总体上讲，这种控制方法已经将每个驱动轮的转速通过转向几何严格限制。但从实现控制的角度看，其转速闭环是相互独立的。也就是说，每个驱动轮的转矩控制都将相互独立，而由于单驱动轮转速波动引起的转矩波动都将直接导致整车输出转矩的波动，即驱动轮在非期望扰动下将引起总体转矩的失调。显然，该方案的系统稳定性仍旧值得商榷。并且差速只是电子差速的实现目标，而非车辆驱动管理的最终本体。因此，转速控制法在一定意义上实现了差速的目标，但仍旧存在一定的局限性。

(2) 滑转率控制法

滑转率控制法则对驱动轮的滑转率进行计算，并通过转矩控制将滑转率控制在理想的目标范围内，从而实现差速与防滑的功能。该方案巧妙的地方在于其通过滑转率的控制，实现了车身与路面的力学平衡，避免了转速控制法在转速控制上自由度欠缺的问题。但该方案的难点在于目标滑转率的确定，目前的定滑转率、相对滑转率及滑转理想区间等方法均存在一定的局限性。同样，针对滑转率的闭环控制将使驱动轮间的转矩相互独立，也将面临转速控制法相似的总体驱动转矩稳定性欠缺的问题。因此，基于滑转率的闭环控制方法仍未建立车轮间的转矩协调关系，尽管能较好地处理好车轮的滑转，但对于两侧车辆的协调控制仍存在欠缺。

总体来讲，滑转率控制法总体上比转速控制法更合理些，至少在滑转控制上较优异，稳定性相对较高。当然，以滑转率相等为控制目标的比例分配转矩开环控制方式由于其取消了闭环控制，建立了车轮间的联系，车轮间没有了转矩上的相互独立性，在一定意义上，其鲁棒性要高于闭环控制，其设计思想具有相对较高的参考价值。

7.2 电子差速控制策略

7.2.1 总体设计思路

一种基于滑转修正的自适应电子差速控制策略总体方案框图如图 7-2 所示。首先,电子差速控制器通过读取驾驶员操作获取车轮转角 δ,并根据油门开度计算出需求驱动转矩 T_q;其次,根据车轮转角 δ 及后轮独立驱动电机反馈的车轮转速 n_{lr} 和 n_{rr} 估算出的车辆行驶速度 v;随后,经车辆动力学模型分析,以车辆驱动力平衡为原则,计算出驱动轮的转矩分配比 K_m,该转矩分配比用于实现类似传统开放式机械差速器的自适应差速;同时,滑转监控修正模块根据驱动轮滑转情况计算出左、右车轮的转矩修正因子 K_c,该修正因子用于修正车轮的滑转,以实现车辆的限滑功能;最后,转矩分配模块根据需求驱动转矩 T_q、模型转矩分配比 K_m 和转矩修正因子 K_c 计算出左、右车轮的最终输出转矩 T_{lr} 和 T_{rr},输出给驱动轮电机控制器,驱动后轮独立驱动的分布式驱动电动汽车。

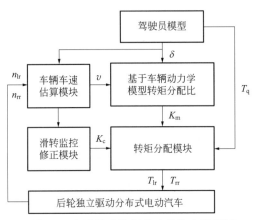

图 7-2 电子差速控制策略总体方案框图

7.2.2 车速估算

车速是表征车辆整体行驶状态的一个十分重要的参变量,它涉及车辆其他状态变量的计算,如车轮的滑转率、行驶空气阻力及转向时的离心力的估算等。因此,在车辆动力学分析中,车速是一个相当关键的输入参数。为保证车辆动力学模型最终输出结果的准确性,获取实时准确的车速显得相当重要。由 Ackermann 转向模型可知,汽车转向时其转向中心位于后轴延长线上,因此取后轴中点的速度作为车速具备较高的可信度。针对后轮独立驱动的分布式驱动

电动汽车设计电子差速控制系统，两前轮为从动轮未装配转速传感器，而后驱动轮转速则可通过驱动电机控制器获取。由瞬心定理有

$$\frac{v}{R}=\frac{v_{\text{in}}}{R_{\text{in}}}=\frac{v_{\text{out}}}{R_{\text{out}}} \tag{7-1}$$

其中，在获取车轮转角 δ 的情况下可得转向半径为

$$R=\frac{L}{\tan\delta} \tag{7-2}$$

由内、外侧车轮电机转速 n_{in} 与 n_{out} 可分别求得车速

$$v_1=\frac{v_{\text{in}}R}{R_{\text{in}}}=2\pi n_{\text{in}}\frac{L/\tan\delta}{L/\tan\delta-B/2} \tag{7-3}$$

$$v_2=\frac{v_{\text{out}}R}{R_{\text{out}}}=2\pi n_{\text{out}}\frac{L/\tan\delta}{L/\tan\delta+B/2} \tag{7-4}$$

但在车速估算时需面临以下几种情况。
① 当车轮无滑转或滑移时，由该车轮轮心转速求得的车速是可靠的。
② 当车轮滑转时，由该车轮轮心转速求得的车速将比实际车速高。
③ 当车轮滑移时，由该车轮轮心转速求得的车速将比实际车速低。

由于车辆驱动时更容易出现车轮滑转，而在制动时则相对地容易出现车轮滑移。因此，在车辆驱动时，根据各车轮轮心求得的车速中最小的可信度较高，在车辆制动时则相反。用轮速来估算车速，采用驱动工况下的最小估算车速和制动工况下的最大估算车速作为最终的估算车速。

7.2.3 基于载荷的分配原则

附着系数 $\varphi(s)$ 是表征车辆转向稳定性的一个重要指标，其定义为附着力 F_t 与车轮垂直载荷的比值，即

$$\varphi(s)=\frac{F_t}{F_s} \tag{7-5}$$

同时，附着系数又与车轮滑转率 s 直接相关。为保障车辆的转向稳定性，需将滑转率控制在 $0\sim\varphi_p$ 的范围内；同时，为了能发挥车辆驱动力的最大效应，需最大程度地利用地面附着力，即通过平衡两侧车轮的滑转率来实现附着力最大化。因此，锥形齿轮差速器行星齿轮依据附着力变化建立力学平衡实现差速的设计理念可转化为以转向时内、外侧轮胎附着系数 φ_{lr} 和 φ_{rr} 相等的设计原则，即

$$\frac{F_{\text{tlr}}}{F_{\text{slr}}}=\frac{F_{\text{trr}}}{F_{\text{srr}}} \tag{7-6}$$

以此为依据进行转矩分配，可得基于车辆动力学的转矩分配比 K_m 为

$$K_m=\frac{F_{\text{tlr}}}{F_{\text{slr}}}=\frac{F_{\text{trr}}}{F_{\text{srr}}} \tag{7-7}$$

若采用多自由度车辆模型，则由式(7-7)可得

$$K_\mathrm{m} = \frac{\dfrac{m_\mathrm{tr}g}{2} + \dfrac{L_\mathrm{f}}{2L}m_\mathrm{s}g + \dfrac{h_\mathrm{g}}{2L}m_\mathrm{s}(\dot{u}-v\omega_\mathrm{r}) - \dfrac{k_{\phi \mathrm{f}}}{k_{\phi \mathrm{f}}+k_{\phi \mathrm{r}}}\left[\dfrac{(h_\mathrm{g}-h_\mathrm{r})\phi m_\mathrm{s}g + m_\mathrm{s}(\dot{v}+u\omega_\mathrm{r})h_\mathrm{g}}{d_\mathrm{w}}\right]}{\dfrac{m_\mathrm{tr}g}{2} + \dfrac{L_\mathrm{f}}{2L}m_\mathrm{s}g + \dfrac{h_\mathrm{g}}{2L}m_\mathrm{s}(\dot{u}-v\omega_\mathrm{r}) + \dfrac{k_{\phi \mathrm{f}}}{k_{\phi \mathrm{f}}+k_{\phi \mathrm{r}}}\left[\dfrac{(h_\mathrm{g}-h_\mathrm{r})\phi m_\mathrm{s}g + m_\mathrm{s}(\dot{v}+u\omega_\mathrm{r})h_\mathrm{g}}{d_\mathrm{w}}\right]}$$

(7-8)

式中，m_tr 为整车簧下质量；h_g 为质心高度；h_r 为侧倾中心高度；ω_r 为横摆角速度；m_s 为簧载质量；d_w 为轮距；u 和 $\dot{u}$ 分别为车辆的纵向速度和纵向加速度；v 和 $\dot{v}$ 分别为车辆的侧向速度和侧向加速度；$k_{\phi \mathrm{f}}$ 和 $k_{\phi \mathrm{r}}$ 分别为前、后侧倾刚度。

显然，状态参数如此复杂并非期望。除可测得的车辆常量（如轴距 L）外，要确认车辆的侧倾中心高度（如后轴侧倾中心高度 h_r）以及车辆的侧倾刚度 k_ϕ 并非易事。为此，不少研究者开始针对侧倾角估计进行了深入的研究，但其计算过程复杂，使原本复杂的算法越发庞大。为了简化计算，简化后的转矩分配模型建立了转矩分配比 K_m、车轮转角 δ 与车速 v 之间的关系，即

$$K_\mathrm{m}(v,\delta) = \frac{\dfrac{L-L_\mathrm{r}}{2H}d_\mathrm{w}g - v^2\sin\delta}{\dfrac{L-L_\mathrm{r}}{2H}d_\mathrm{w}g + v^2\sin\delta}$$

(7-9)

相比车身姿态的获取，较容易通过转向盘传感器获取车轮转角 δ，通过电机控制器反馈的电机转速估算出车速 v，通过车轮滑转修正的方式进行补充，共同构成完整的电子差速控制策略。

7.2.4 基于转速约束的滑转修正

从最初的转速控制法到各种形式的滑转率控制法，电子差速的控制思想正不断地向控制车轮滑转的方向倾斜。从差速的原始目的考虑，差速的出现是为了处理车辆转向时外侧车轮滑移和内侧车轮滑转的问题，也就能更好地理解滑转控制在差速控制中的关键性。只是目前的防滑控制主要倾向于实现对车轮滑转率的控制，通过寻求各轮合理的滑转点实现对单个车轮的独立控制，这样的控制思想仍旧值得探讨。首先，合理滑转点的确认一直是一个难题。正因如此，越来越多的研究者不断地深入研究，提出最佳滑转点、最优滑转区间、路面辨识系统等越发复杂的数学模型，这无疑加大了控制系统的运算量。其次，滑转率闭环控制法过于强调单个车轮的滑转控制，车轮独立性过强，反而忽略了车轮间的协调管理。

不妨换种思路来看，车辆转向时，内侧车轮滑转，外侧车轮滑移，大可将原本分配至内侧车轮的动力的一部分分配给外侧车轮，通过转矩的协调重新建立两者的平衡，而无需将内、外侧车轮完全割裂开进行独立控制。车轮的滑转并非是完全不允许的，滑转率只要在一定的区间内仍可保证车辆的驱动稳定性。同样的，车轮作为一个整体，其两轮间的转速存在一定的约束关系，这种约束也并非严格的条件约束，还是存在一定的柔性区间。只要将车轮间的转速关系

约束在该区间内，就能实现车轮的滑转控制。由 Ackermann 转向模型可知，车辆转向时其转向中心位于后轴的延长线上，后轴的轮速具有约束关系。因此，通过驱动轮电机反馈转速得出的两个车速估算值也是相等的。假如两者出现偏差，则必然其中至少有一个车轮发生滑转或滑移。由于在驱动时，车轮较容易发生滑转，则可认为车速估算值相对较高的车轮发生滑转，可将该侧车轮转矩部分转移至另外一侧车轮，从而修正车轮的滑转。

正是基于以上思路，以两侧车轮电机转速求得的车速差为转矩修正控制依据，计算出两侧车轮的滑转修正比例因子，即

$$K_\mathrm{m} = f(v_1 - v_2) \tag{7-10}$$

式中，v_1 和 v_2 分别为后驱动轮驱动电机反馈转速估算的车速。以往的电子差速算法在确定控制变量后，均采用 PID 或 PI 控制器来实现控制。车辆本身是一个非线性多阶的惯性系统，积分环节的引入可能导致积分饱和，破坏驾驶稳定性。而严格地将两侧车轮电机转速求得的车速差控制相等，在一定意义上限制了车辆的自由度，同时由于 Ackermann 转向模型误差带来的误差将被严格保留。对于使用的转矩比例修正法本身就是一种线性调节机制，纯粹的 P 值控制反而可以保留一定的静态误差区间，满足模型误差需求。因此，采用纯比例控制来实现区间自适应的滑转控制，即

$$K_\mathrm{c} = K_\mathrm{p}(v_1 - v_2) \tag{7-11}$$

7.2.5 转矩分配模块

由式(7-9)和式(7-11)可计算车辆行驶时内、外侧车轮的转矩差 ΔT 以及两侧车轮的目标驱动转矩，即

$$\begin{cases} \Delta T = \dfrac{1 - K_\mathrm{m} K_\mathrm{p}}{1 + K_\mathrm{m} K_\mathrm{p}} T_\mathrm{q} \\ T_\mathrm{lr} = \dfrac{T_\mathrm{q} - \Delta T}{2} \\ T_\mathrm{rr} = \dfrac{T_\mathrm{q} + \Delta T}{2} \end{cases} \tag{7-12}$$

式中，T_q 为驾驶员的期望转矩，与油门开度和电机转矩 MAP 图相关。

7.3 差速算法的建模

利用 CarSim 与 MATLAB/Simulink 构建联合仿真平台。电子差速总体方案框图如图 7-3 所示，利用 CarSim 建立车辆动力学模型，利用 MATLAB/Simulink 建立电子差速控制策略模型，CarSim 车辆模型提供驾驶信息及后驱动轮转速给控制策略模型，经模型计算后将最终目标驱动转矩输出给车辆模型，从而实现闭环仿真。

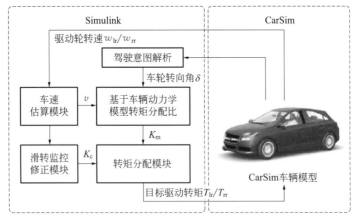

图 7-3 电子差速总体方案框图

Simulink 作为一款可视化的仿真工具，拥有丰富的可扩充预定义模块库，具备强大的数值处理和符号运算能力，是实现系统快速建模、仿真和分析的绝佳选择，被广泛应用于线性系统、非线性系统、数字控制及数字信号处理的建模和仿真中。

运用 MATLAB/Simulink 搭建电子差速控制策略模型，主要包括驾驶意图解释模块、车速估算模块、自适应模型转矩计算模块、滑转修正模块和转矩分配模块，最终控制策略框图如图 7-4 所示。

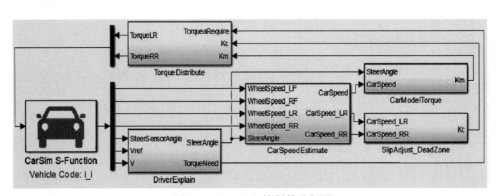

图 7-4 Simulink 控制策略框图

各子模块及接口定义见表 7-1。

表 7-1 各子模块详细定义

模块名称	模型图示	输入接口	输出接口
驾驶意图解释模块	DriverExplain	转向盘信号 SteerSensorAngle	转向角 SteerAngle
		期望车速 V_{ref}	需求转矩 TorqueNeed
		车速 V	
车速估算模块	CarSpeedEstimate	左前轮切向速度 WheelSpeed_LF	估算车速 CarSpeed
		右前轮切向速度 WheelSpeed_RF	左后轮估算车速 CarSpeed_LR

续表

模块名称	模型图示	输入接口	输出接口
车速估算模块	CarSpeedEstimate	左后轮切向速度 WheelSpeed_LR	右后轮估算车速 CarSpeed_RR
		右后轮切向速度 WheelSpeed_RR	
			转向角 SteerAngle
自适应模型转矩计算模块	CarModelTorque	转向角 SteerAngle	转矩分配比 Km
		估算车速 CarSpeed	
滑转修正模块	SlipAdjust_DeadZone	左后轮估算车速 CarSpeed_LR	滑转修正比 Kc
		右后轮估算车速 CarSpeed_RR	
转矩分配模块	TorqueDistribute	转矩需求 TorqueRequire	左后轮目标转矩 Torque_LR
		滑转修正比 Kc	左后轮目标转矩 Torque_RR
		转矩分配比 Km	

7.4 电子差速的设计

分布式驱动电动汽车是一个复杂性较高的系统，主体包括一套车架底盘系统、两个轮毂电机、两个驱动电机控制器、一个高压配电箱、一套动力电池及管理系统、一个整车控制器（即电子差速控制器）、操作件（含钥匙、挡位、电子油门、制动）和转向角传感器等，其结构如图 7-5 所示。

动力电池由 6 节 12V 铅酸电池串联而成，通过高压配电箱将高压电分配给两个电机控制器，为整车的动力来源；12V 蓄电池为整车所有控制器及操作件提供弱电供电。钥匙、挡位、电子油门、制动等操作件通过开关信号或模拟信号将驾驶员操作信息反馈给整车控制器；两个电机控制器分别控制两侧轮毂电机，并通过旋转变压器（旋变）解析出电机转速信号，通过动力 CAN 总线反馈给整车控制器；电池管理系统则负责动力电池的监控管理，将动力电池总电压、电流等信号通过监视 CAN 传递给整车控制器。简单来说，整车控制器通过采集操作件信息解析出驾驶员驾驶意图，并结合电机控制器反馈电机状态、电池管理系统反馈的动力电池信息，通过转向角传感器的转向信息，计算出两侧车轮的转矩需求，通过 CAN 总线发送给两侧电机控制器，实现转矩控制，完成电子差速。

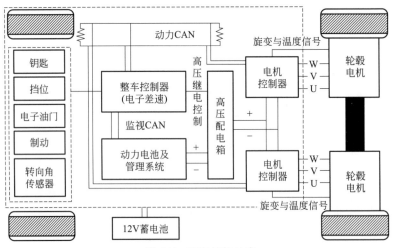

图 7-5 整车结构示意

7.4.1 电子差速控制器硬件设计

整车控制器作为电子差速控制的控制核心，其重要性不言而喻。根据功能需求不同可将电子差速控制器的功能模块分为电源管理模块、开关量输入模块、模拟量调制模块、驱动模块、开关量输出模块、CAN 收发器及微控制器，如图 7-6 所示。

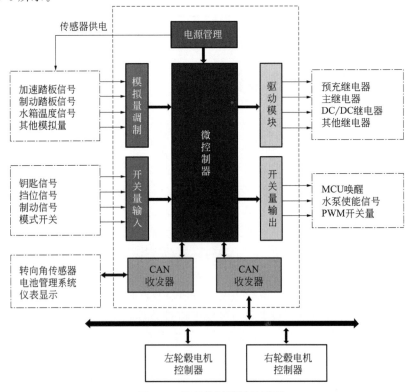

图 7-6 整车控制器硬件原理

对其主要功能需求可进行如下描述。

① 能实时获取驾驶员操作意图，主要通过钥匙、挡位、电子油门、制动、转向角传感器等操作件获取具体的信号量解析得到。

② 能够获取车辆状态，主要通过 CAN 总线获取电机控制器反馈的两侧驱动电机及控制器状态，以及电池管理系统反馈的动力电池状态。

③ 车辆部件管理，包括高、低压继电器的控制及散热水泵控制等。

④ 驱动管理，根据驾驶员操作意图进行合理的转矩分配，实现电子差速。

⑤ 故障诊断和处理，包括报警、降功率、强制断开主继电器等。

7.4.2 电子差速控制器软件设计

软件程序是电子差速控制器实现车辆各种功能达成差速效果的关键。利用 MATLAB/RTW 模块将控制策略模型转换为 C 代码，然后将控制代码嵌入底层软件中，通过 CodeWarrior 编译生成最终的可执行文件。整个代码的生成过程如图 7-7 所示。

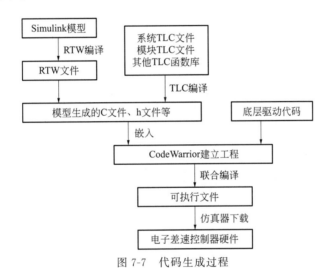

图 7-7 代码生成过程

7.4.3 系统软件架构

在车辆行驶过程中，电子差速控制器不断接收来自各传感器及控制器的信号，并对信号进行变换，转化成实际物理量，由整车控制策略模型得出控制量目标值，最后将控制量转化为实际信号，输出给其他部件实现车辆控制。在这个过程中，每个步骤都可以根据硬件或功能不同被独立出来，为了提高编程效率与代码可读性，可独立开发模块，最后再汇总调试。根据电子差速系统的功能需求，电子差速控制器软件功能主要分为以下三大部分。

① 信号读取与输出功能：该部分主要负责车辆各种信号的采集和转化，包括钥匙信号、挡位信号、油门信号、制动信号等信号输入，以及继电器控制、

电机控制器唤醒等 IO 信号输出。

② 通信功能：该部分主要通过 CAN 总线实现与其他部件的通信，包括转向盘转向角传感器的转向角信号获取、电池管理系统动力电池状态的更新、电机工作状态的获取和控制。

③ 控制策略：该部分根据获取的各种信号，进行驾驶员意图解释、车辆状态管理，以及由前述电子差速控制模型得出指令转矩。

根据功能与过程的差异，可将电子差速控制器软件分为三层，即驱动层、接口层和应用层。如图 7-8 所示，驱动层负责电子差速控制器硬件的驱动，主要包括系统时钟、IO 驱动、AD 驱动、CAN 驱动等模块，其主要功能是将硬件信号转换成软件信号输入至接口层，将来自接口层具象化后的控制信号通过硬件驱动实现控制输出；接口层则在驱动层的基础上，将来自驱动层的软件信号抽象成具体的物理量（如将油门信号 AD 值转换成油门开度百分比），同时将来自应用层的控制量具象为实际的控制量（如将继电器控制信号转换成具体的硬件 IO 输出）；应用层即为控制算法，根据来自接口层抽象后的具体物理量进行计算，输出控制量给接口层，最后具象化后经硬件实现最终的控制。

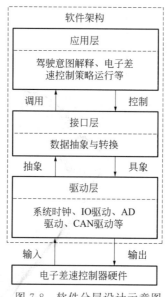

图 7-8 软件分层设计示意图

7.4.4 控制流程

电子差速控制器软件的主程序控制流程如图 7-9 所示，其采用时间轮片法实现任务的周期循环调用。电子差速控制器上电后先进行模块的初始化设置，随后进行初始化后的硬件自检，若此时发现硬件故障，则上报自检故障，不进入主循环，保证车辆安全。若自检无故障，则进入 10ms 的任务周期内，系统先采集包括钥匙、挡位、油门、制动等各种传感器信号，及接收来自转向角传感器、电机控制器、电池管理系统的 CAN 信号，根据驾驶员操作意图进行车辆状态的管理和控制策略的执行,最后将软件结果通过硬件输出实现控制。

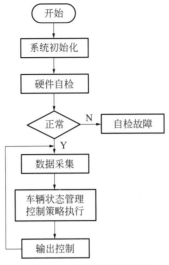

图 7-9　主程序控制流程

针对车辆行驶工况的不同可将电子差速控制策略归结为图 7-10。车辆在行驶中根据挡位判断是否进行转矩输出,在空挡时无转矩输出,在前进挡和后退挡时,先读取转向盘转向角,若转向角为零,则转矩平均分配,只进行滑转修正,若转向角不为零,则根据转向角合理分配转矩,再经滑转修正模块实现滑转修正。

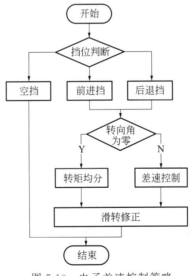

图 7-10　电子差速控制策略

7.4.5　底层开发与模型代码生成

任务数字化控制系统的开发都离不开软件底层驱动,而根据控制芯片选取的不同，其开发工具和方式区别甚大。底层代码的开发过程较为繁杂，在此不展开具体描述。根据设计需要运用 CodeWarrior 进行软件底层开发，其底层模块大致可分述如下。

① 系统时钟模块。时钟是单片机工作的基础，所有模块的运作离不开周期的分配和管理。对于系统配置而言，锁相环 PLL 模块应是比较重要的一环。通过锁相环的配置，实现对外部晶振信号的倍频处理，为系统提供更快的运行频率。

② IO 驱动模块。对于任何系统而言，数字输入/输出模块必不可少，如钥匙信号、挡位信号等都输入数字信号。对于电子差速系统而言，该模块主要实现车辆数字量信号的读取和输出信号的驱动控制。

③ AD 驱动模块。除了数字信号外，电子差速系统需处理模拟信号，如油门信号，其根据油门开度的不同，输出电压不一样。AD 模块负责将电压模拟信号转化成单片机可处理的数字信号。

④ CAN 驱动模块。电动汽车上许多设备间的通信都离不开 CAN 总线，因此 CAN 驱动模块尤为重要。其主要负责 CAN 数据接收和发送，更进一步，需要识别是标准帧还是扩展帧、是数据值还是远程帧，还需对 CAN 数据接收与发送周期进行管控。

⑤ 其他模块。除了以上主要模块外，整车控制器还需要其他外部设备来实现相应的功能支持，如 PWM 模块、输入捕获模块等。

底层代码的开发相对比较容易实现，驱动测试也可通过数据指标加以评估。而应用层代码由于涉及具体的控制对象，往往难以进行结果评估，模型仿真在一定程度上弥补了这一缺陷，但从模型到实际代码的实现又是一个漫长的转换过程。为此，MATLAB 为软件开发者提供了自动化代码生成工具，可通过 RTW（Real-Time Workshop）实现从 Simulink 模型到标准 C 代码的转换。将控制策略模型生成标准 C 代码后，嵌入底层代码中，便完成了电子差速控制器软件的开发。

7.5 电子差速仿真分析

考虑市区与高速公路两种驾驶工况，分别测试车辆在 50km/h 和 120km/h 车速下的双移线转向，以 CarSim 道路模型为测试环境实现道路闭环测试。

7.5.1 50km/h 双移线工况

模拟车辆在市区行驶的转向工况，车速维持 50km/h 行驶 1s 后，向右转向变道，然后左转返回行驶车道，如图 7-11 所示。

从图 7-12 可知，基于模型开环控制的转矩控制和电子差速控制均可在转向时实现转矩差，其中基于模型开环控制的转矩差与转角直接相关。

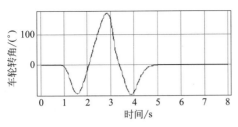

图 7-11 转角输入及双移线测试环境

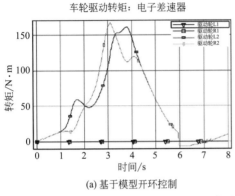

(a) 基于模型开环控制　　　　(b) 电子差速控制

图 7-12 各试验组转矩响应情况

在驱动转矩作用下，各试验组的车轮速度如图 7-13 所示。不难看出，在 1～2s 与 3.5～5s 两个时间段内，外侧车轮速度均大于车速，内侧车轮速度均小于车速，各试验组均能实现较好的差速效果。但在 3s 左右，各试验组左后（内侧）车轮速度均出现大于车速的值，也就是说各试验组左后车轮均出现不同程度的滑转。

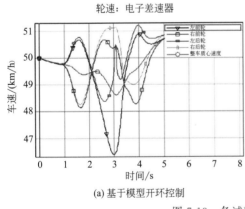
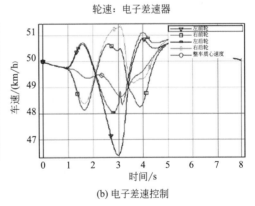

(a) 基于模型开环控制　　　　(b) 电子差速控制

图 7-13 各试验组车轮速度情况

7.5.2　120km/h 双移线工况

模拟车辆在高速公路行驶的转向工况，车速维持 120km/h 行驶 1s 后，向左转向变道，然后右转返回行驶车道，如图 7-14 所示。

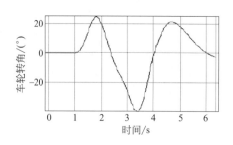 

图 7-14　转角输入及双移线测试环境

从图 7-15 可知，基于模型开环的转矩控制和电子差速控制均可实现转向时的转矩协调控制，在两侧驱动轮控制器中，基于模型开环的转矩控制其转矩差跟随转角不断变化，滑转修正的自适应电子差速控制则在 2.5s 后介入控制。

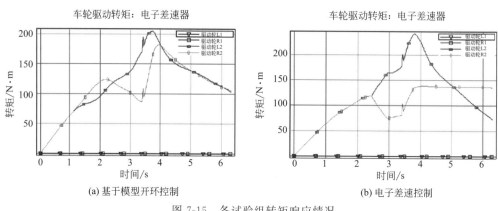

图 7-15　各试验组转矩响应情况

在驱动转矩作用下，各试验组的车轮速度如图 7-16 所示。不难看出，各试验组后轮速度在 1～6s 内均远大于车速，也就是说，各试验组后侧车轮均出现了不同程度的滑转。

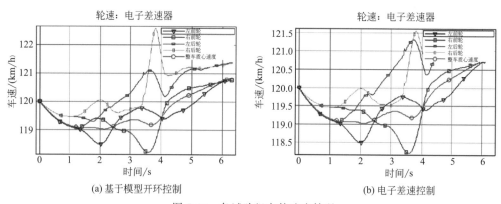

图 7-16　各试验组车轮速度情况

第 8 章

基于车轮打滑状态估计的车辆驱动防滑控制

8.1 分布式驱动电动汽车驱动防滑控制方案
8.2 模型跟踪控制
8.3 车轮滑转状态判断原理
8.4 基于车轮滑转状态以及车轮角加速度的模糊控制算法
8.5 基于电动轮车纵向行驶安全性的驱动防滑控制系统的仿真试验
8.6 双参数输入模糊控制算法鲁棒性仿真试验

根据轮胎动力学特性，当车轮快速滑转和抱死时，轮胎附着能力严重恶化，车轮和车辆有失稳危险。驱动防滑与制动防抱死的控制目标是防止车轮的滑转或抱死。为了提高车辆在复杂行驶条件下的驱动和制动能力，ASR 和 ABS 算法需对轮胎非线性特性、建模不确定性以及路面附着条件变化具有良好的鲁棒性和自适应性。分布式驱动电动汽车电机的转矩准确可控、响应迅速，可减少控制算法收敛时间；电机既是执行单元又是车轮转矩和转速的信息单元，便于实现车轮滑转率和车轮-路面附着系数估计，提高算法自适应性。

8.1 分布式驱动电动汽车驱动防滑控制方案

分布式驱动电动汽车的驱动防滑控制方案见表 8-1。

表 8-1 分布式驱动电动汽车的驱动防滑控制方案

控制变量	控制算法
滑转率	PID 控制 滑模变结构控制 阈值控制 模糊逻辑控制
轮速或轮加速度	模型跟踪控制
轮速+滑转率	模型跟踪+滑膜变结构控制

在研究这些控制方案的基础上设计一种基于车轮滑转状态以及车轮角加速度的模糊控制驱动防滑控制策略，并采用经典的基于模型跟踪（MFC）的驱动防滑控制算法，通过无控制、MFC 控制和设计的双参数输入模糊控制算法之间的仿真试验对比，可验证设计的驱动防滑控制算法的可行性和有效性。

图 8-1 所示为分布式驱动电动汽车驱动防滑控制流程。

① 速度判断：分别实时获取左前轮、右前轮、左后轮和右后轮的转速，判断左前轮、右前轮的转速差值是否小于或等于 150r/min，若是，则取左前轮转速 w1 作为前轮目标转速 M_Speed_F，若否，则取左前轮转速 w1、右前轮转速 w2 中较小者为前轮目标转速 M_Speed_F；同理算出后轮目标转速 M_Speed_R；若 M_Speed_R 减 M_Speed_F 大于 150r/min，则取 M_Speed_F 作为整车的目标转速，否则以 M_Speed_R 作为整车的目标转速。

② 转矩控制：分别将四个车轮的转速与整车的目标转速对比，当任一车轮的转速减去整车的目标转速的差值超过 200r/min 时，判断该车轮有飞转的趋势，发送给该车轮的轮毂电机控制器降低转矩的命令；每隔一个报文收发周期判断一次，若该车轮的转速减去整车的目标转速的差值大于或等于 200r/min，则对发送给该车轮的轮毂电机控制器的转矩命令进行主动调节，直到该车轮的转速减去整车的目标转速的差值小于 100r/min。

③ 当四个车轮的转速减去整车的目标转速的差值均在 100r/min 以内，则发送给各个轮毂电机控制器的转矩命令恢复为由驾驶员意图决定其大小的模式，保证行驶时的动力性要求。

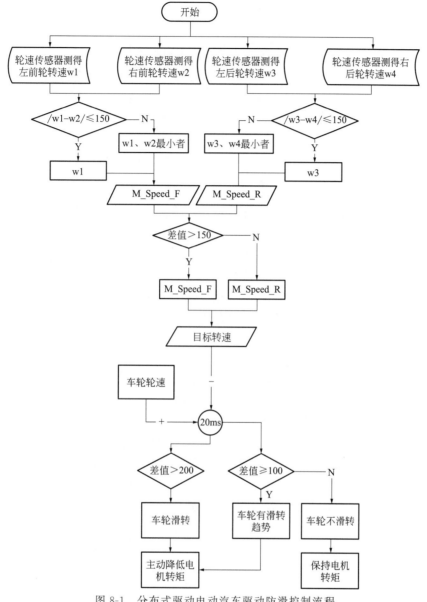

图 8-1 分布式驱动电动汽车驱动防滑控制流程

8.2 模型跟踪控制

模型跟踪控制（MFC）算法最先是由日本东京大学 Hori 教授团队开发的，其优点是以电动轮的转速和转矩作为控制目标，无需对车速和路面附着系数进行估算。其原理框图如图 8-2 所示。

在车辆不发生打滑时，单轮动力学模型的质量为整车质量的 1/4。当车辆发生打滑时，车轮的角速度会明显增大，相当于汽车的质量减少，此时的车轮轮

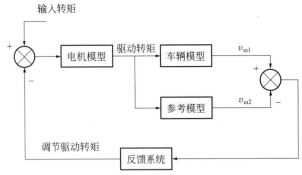

图 8-2 模型跟踪控制原理框图

速将大于标准的不打滑的车轮模型轮速。模型跟踪控制的原理就是将车轮的等效质量作为控制器当中的参考模型，将实际车辆运动模型得到的车速 $v_{\omega 1}$ 和由参考模型得到的车速 $v_{\omega 2}$ 的差值作为输入量，用比例调节来控制电机的实际输出转矩，以此来控制车轮的滑转状态。将不打滑的车轮作为参考模型，使实际道路行驶时的车轮模型跟踪其变化，经比例调节使两者保持一致。

由驱动状态下的滑转率计算公式，可以得到式(8-1)。

$$v = (1-s)v_\omega \tag{8-1}$$

式中，v 为车辆实际车速；s 为滑转率；v_ω 为车辆理论车速。

把车辆等效为一个惯性系统，得到式(8-2)。

$$J = J_\omega + Mr^2(1-s) \tag{8-2}$$

式中，J_ω 为车轮转动惯量；M 为整车质量；r 为轮胎半径。

由式(8-2)可以看出，当车辆发生打滑时，汽车的质量相对来说似乎变轻了。因此当参考模型中 $s=0$ 时，使用式(8-3)所示的惯性转矩。

$$J_{\text{model}} = J_\omega + Mr^2 \tag{8-3}$$

再根据单轮汽车动力学模型，得到式(8-4)和式(8-5)。

$$J_\omega \frac{d\omega}{dt} = T_m - T_d \tag{8-4}$$

$$M \frac{dv}{dt} = F_d \tag{8-5}$$

选择 J_{model} 作为理想的车辆运动，对电机的输入转矩进行补偿修正。当车辆发生打滑时，实际模型得到的轮速将远远大于参考模型得到的轮速，将两者的差值作为控制目标，根据比例调节控制电机的实际输出转矩，保证车轮的附着状态。其控制框图如图 8-3 所示。

当车辆正常行驶时，参考模型与车辆模型的转动惯量相同，控制器不工作。当车辆开始打滑时，车轮实际角速度与参考理想模型角速度存在差值，将差值输入控制器，通过比例调节控制电机的最终输出转矩，保证车辆不打滑。

通过对模型跟踪驱动防滑控制策略的研究后发现，其算法主要是通过控制车辆行驶时的实际轮速与预先设定好的参考理想模型得到的轮速的差值来实现对电机最终输出转矩的调节控制。而在研究车轮角加速度与车轮滑转率关系时发现存在一个参数，其正、负值可以判断车轮实时条件下的滑转状态，所以设

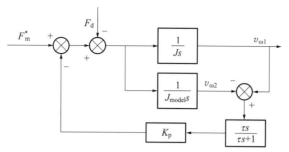

图 8-3　模型跟踪控制算法控制框图

计了一种基于车轮滑转状态以及车轮角加速度的驱动防滑控制，通过一个可以判断车轮滑转状态的参数以及车轮角加速度来共同参与对车轮的驱动防滑控制。

8.3　车轮滑转状态判断原理

随着当代汽车技术的不断发展，在车辆运动时能够获取的车轮信息越来越多，也越来越精确，这对于对轮毂电机电动汽车的车轮滑转控制愈发的有利。在以往的对车辆运行时的车轮滑转状态的研究中，有一种方法是通过观察车辆运行中车轮的角加速度变化来判断的。

8.3.1　基于车轮角加速度的车轮滑转状态判断原理

车轮滑转率 s 与车轮转矩还有车轮角加速度之间的关系如式(8-6)、式(8-7)所示。

$$\frac{ds}{dt}=\frac{vr\frac{d\omega}{dt}-\omega r\frac{dv}{dt}}{\omega^2 r^2}=\frac{[I_w+(1-s)mr^2]\alpha-T_m}{\omega m r^2} \tag{8-6}$$

$$\alpha=\frac{d\omega}{dt}=\frac{T_m}{I_w+(1-s)mr^2}+\frac{\omega m r^2}{I_w+(1-s)mr^2}\times\frac{ds}{dt} \tag{8-7}$$

又当滑转率 s 随着时间有十分缓慢的增大趋势时，认为其随时间的变化率 $\frac{ds}{dt}$ 基本趋于零，所以代入到上面的式中又可以得到式(8-8)。

$$\alpha\approx\frac{T_m}{I_w+(1-s)mr^2} \tag{8-8}$$

因此，在实际车辆运行中可以这样认为，只要车轮的滑转率 s 存在增量，那么车轮的角加速度都会大于 $\frac{T_m}{I_w+(1-s)mr^2}$ 这个值。驱动防滑控制最理想的控制状态就是将车轮的滑转率 s 控制在略小于峰值附着系数 φ_{xmax} 所对应的最优滑转率 s_p 附近。如果滑转率长时间保持不变则有式(8-9)。

$$\alpha = \frac{T_m}{I_w + (1-s_p)mr^2} = \alpha_0 \tag{8-9}$$

由此得到,若 $\alpha > \alpha_0$ 时,车轮的滑转率随着时间而增大,可以认为此时车轮有开始滑转的趋势。因此,可以将 α_0 作为临界控制点,通过观测其大小来估计车轮的滑转状态。

8.3.2 车轮滑转状态判断

对多目标驱动力分配层来说,其能完成既定控制目标的前提是对当前行驶车辆的车轮滑转状态的准确判断。因此接下来以上文分析的车轮角加速度 α 作为控制变量对车轮滑转状态判断控制器进行设计。图 8-4 所示为车轮滑转状态判断逻辑框图。

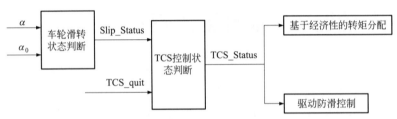

图 8-4 车轮滑转状态判断逻辑框图

如图 8-4 所示,通过比较车轮角加速度 α 与车轮滑转角加速度临界值 α_0,首先对车轮的滑转状态进行判断,再根据驾驶员给出的是否退出驱动防滑控制命令(TCS_quit)综合判断对车辆进行驱动转矩控制。TCS_quit=1 时,说明整车不启用驱动防滑控制,直接对车辆进行基于经济性的驱动转矩分配控制;TCS_quit=0 时,表示启用驱动防滑控制,综合判断当前车辆行驶状况后决定最终的转矩分配控制策略。

图 8-5 为车轮滑转状态判断流程。

如图 8-5 所示,为了避免在车辆起步阶段轮速与车轮角加速度较小导致计算误差偏大对整个控制系统精度的影响,仅在轮速大于或等于 2m/s 且车轮角加速度大于或等于 $0.05\mathrm{rad/s^2}$ 时对车轮的滑转状态进行判断。当得到上一时刻车辆未发生打滑时(上一时间步长的 Slip_Status=0 时),车轮实际角加速度要大于车轮滑转角加速度临界值才认为车辆发生打滑,否则认为车辆不打滑。当得到上一时刻车辆已经发生打滑时(上一时间步长的 Slip_Status=1 时),则认为当车轮实际角加速度接近车轮滑转角速度临界值时($\alpha/\alpha_0 \geq 0.9$ 时)车辆才发生打滑,因为此时虽然车轮实际角加速度值已经减小到打滑角加速度临界值以下,但因为前一时刻车轮已经发生滑转且角加速度值的减少量过小,并不能改变车轮此时的滑转状态。

在得到车轮的打滑状态信号(Slip_Status)和是否退出驱动防滑控制命令(TCS_quit)信号后,利用图 8-6 所示的 TCS 控制状态逻辑判断流程和图 8-7 所示的控制信号关系对最终的转矩分配控制策略进行判断。当 TCS_Status=1 时,

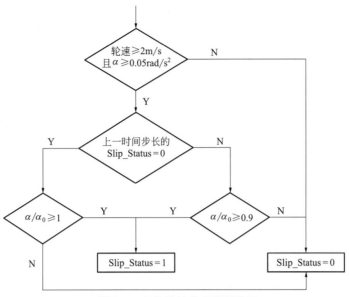

图 8-5 车轮滑转状态判断流程

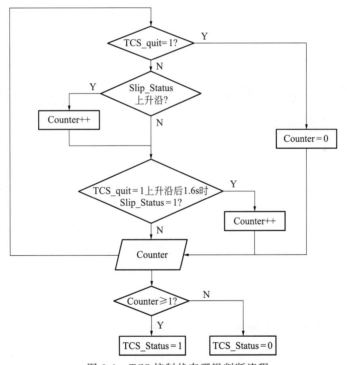

图 8-6 TCS 控制状态逻辑判断流程

驱动防滑控制策略作为整车驱动转矩分配控制策略；当 TCS_Status＝0 时，基于经济性的转矩分配控制策略作为整车驱动转矩分配控制策略。

如图 8-6 所示，当 TCS_quit＝1 即发出退出驱动防滑控制策略指令时（如图 8-7 所示持续时间为 1s），计数器变量 Counter 清零，根据逻辑判断得到该时间内 TCS_Status 输出信号为 0，即启用基于经济性的转矩分配控制策略；而当

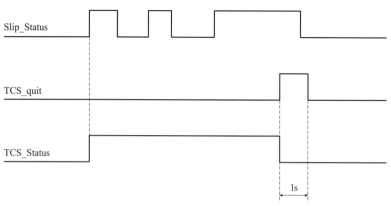

图 8-7　控制信号关系

TCS_quit=0 即系统启用驱动防滑控制时,根据 Slip_Status 的上升沿进行计数,计数大于或等于 1 时认为车轮处于滑转状态,输出 TCS_Status=1,对车轮进行驱动防滑控制;计数小于 1 时认为车辆处于稳定附着状态,车轮不滑转,则输出 TCS_Status=0,基于经济性对驱动转矩进行控制。又因为在驱动防滑控制起作用的过程中可能存在车轮滑转状态稳定保持在车辆打滑状态即一直保持 TCS_Status=1,所以在退出驱动防滑控制 1.6s 后再对车轮滑转状态进行判断,决定是否需要再次进入驱动防滑控制。

8.4　基于车轮滑转状态以及车轮角加速度的模糊控制算法

模糊控制的优缺点主要是依据前人所得的经验值或者在实际操作中面对问题得到的实际结果进行控制。汽车在运行过程中的驱动防滑控制本身就是一种非线性的复杂工况,车辆不打滑、接近打滑、打滑临界点、边滚边滑等状态都是一种模糊的概念,因此最终选用模糊控制的方法来对车辆的驱动防滑进行控制分析。

8.4.1　车轮角加速度控制阈值的选择

电机的输出转矩 T_m、车轮角加速度 a 和车轮滑转率 s 存在如下关系:如果对电机的输出转矩 T_m 进行合理的控制使车轮的角加速度 a 保持在一个合适的区间范围内,即不让车轮的瞬时角加速度过大,可以避免滑转现象的发生。当车轮缓慢加速直到滑转或是让滑转率缓慢增大,此时只需适当减少电机的输出转矩就可以使滑转率迅速下降,减弱车轮的滑转程度,最后使车轮回归良好的附着状态。如果不提前介入对车轮角加速度进行控制,而是当滑转发生后再调节电机的输出转矩,就需要非常迅速地减小驱动转矩的输出或者是施加一个反向的制动转矩来遏制滑转的发生。而在这种情况下，驱动电机极易发生转矩波动，这种现象的发生对轮毂电机的寿命及使用特性都会造成非常不利的影响。因此，最好的控制措施就是通过对车辆的行驶状态进行监测，提前对车轮的角加速度进行控制，将其限定在一定的范围内，保证车轮的正常运转。

为了进一步的验证车轮角加速度与车轮滑转率是否真的存在实时联系，以及其阈值应该如何选择进行研究，接下来利用 MATLAB/Simulink 建立相关的车轮滑转率和角加速度的仿真计算模型，并进行仿真试验进行验证。其中设定的整车质量为 800kg，路面峰值附着系数为 0.2，最优滑转率为 0.066。假设仿真试验中车辆以 5km/h 的初速度开始加速运行直到发生打滑。得到的仿真曲线如图 8-8 与图 8-9 所示。

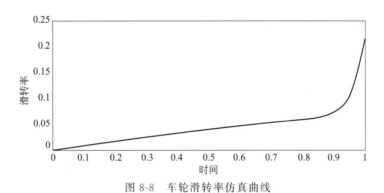

图 8-8 车轮滑转率仿真曲线

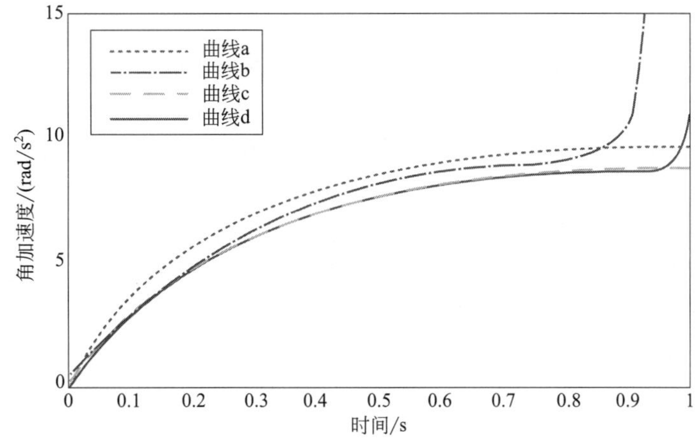

图 8-9 车轮角加速度仿真曲线

图 8-9 中，取 $s_p=0.25$ 代入式(8-9) 得到车轮的角加速度仿真曲线 a；车轮的实际角加速度曲线为曲线 b；将当前路面条件下的最优滑转率 $s_p=0.066$ 代入式(8-9) 中得到曲线 c；曲线 d 为取 $\alpha = \dfrac{T_m}{I_w+(1-s)mr^2}$（即保持车轮滑转率 s 随时间缓慢增大，滑转率随时间的增长率接近趋向于零）时所得到的车轮角加速度仿真曲线。通过对比图 8-8 和图 8-9 可以得到以下结论。

① 将图 8-8 中的滑转率曲线与图 8-9 中的车轮实际角加速度曲线 b 对比，

可以发现当车轮滑转率 s 小于最优滑转率 s_p 时，车轮的角加速度随着滑转率增大而增大，其增长率递减并最终趋向于零；而当车轮的滑转率超过 $t≈0.85s$ 处的最优滑转率时，车轮角加速度随时间变化率迅速增大，车轮的实际角加速度也将迅速增大。因此，通过观测车轮实时的角加速度变化率，可以对车轮的滑转状态进行估计，并判断其是否达到了最佳滑转状态。

② 对比 c、d 两条仿真曲线可知，当车轮滑转率小于当前路面条件下的最优滑转率时，即曲线 d 还未发生打滑之前（$t≈0.95s$ 之前），曲线 c 与曲线 d 的走势基本相同，即当车轮滑转率随时间缓慢增加时，车轮角加速度特性曲线与取当前路面条件下最优滑转率时的角加速度曲线基本相同。而在之前的分析中曾提到，驱动防滑最佳的控制方式就是将车轮实时滑转率有效控制在当前路面最优滑转率附近。但这种实时控制必然会导致整个系统控制复杂程度的上升和成本的提高，延长系统的响应时间，而通过这两条曲线的对比，发现可以考虑最终选择用取定值 $s=s_p$（s_p 为当前路面条件下的最优滑转率）时得到的车轮角加速度曲线 c 来代替曲线 d。

③ 比较仿真曲线 a、c 发现，两条曲线的走势基本相同且都能避免车辆打滑现象的发生，只是在相同的滑转率条件下取得的车轮角加速度值是曲线 a 更大。虽然在②中发现可以曲线 c 代替曲线 d 对车轮滑转率实时监控，但代替之后同样也限制了车轮角加速度的大小，对车辆的驱动性能造成了一定影响。因此考虑使用曲线 a 来代替曲线 c，由①知车轮的实际角加速度在达到当前路面条件下的最优滑转率之前是不会发生过度滑转的，因此将车轮角加速度的阈值由曲线 c 变为曲线 a 不但可以控制车轮滑转状态，还可以有效提高车辆的动力性能。

通过上述结论，经过分析之后最终决定选取曲线 a 为车轮角加速度 α 的控制阈值，这样即可以保持车辆在运行过程中的行驶状态，保持其在驱动加速这一过程中只会缓慢达到打滑临界点，并且当接近打滑状态时通过后续的调节来实现防滑控制。由于系统设计的阈值是一条动态曲线，在实际操作中只需保证车轮的角加速度 α 在其曲线与 xy 轴包括的区域中，它不是一个精确的量，所以车辆的质量变化、不同质量的电动轮车其实对试验的影响不大。同时，阈值曲线 a 所对应的最优滑转率取值为 0.25 是一个极大值（绝大多数路面的最优滑转率值均低于 0.25），因此就不需要再额外对最优滑转率设计新的观测器。

8.4.2 基于参数 dF_d/dF_m 的车轮滑转状态观测器

由图 2-5 所示的附着系数和滑转率关系可知在车辆开始运动时车轮与地面之间的附着系数 φ 是随着车轮滑转率的增大而增大的，而当滑转率达到并超过最优滑转率后，附着系数反而会随着滑转率的增加而减小。如果忽略车轮垂向载荷的影响，对时间取微分后得式(8-10)。

$$\frac{d\varphi}{dt}=\frac{1}{F_z}\times\frac{dF_d}{dt}=\frac{1}{F_z}\times\frac{dF_d}{dT_m}\times\frac{dT_m}{dt} \tag{8-10}$$

由这个公式可以得到以下结论。

当 $\dfrac{dT_m}{dt}>0$ 且 $\dfrac{d\varphi}{dt}>0$ 时，车轮的附着系数随着电机输出转矩的增大而增大，由前文可知，车轮正处于稳定区域中，但是在向着滑转的趋势发展，此时 $\dfrac{dF_d}{dT_m}>0$。

当 $\dfrac{dT_m}{dt}<0$ 且 $\dfrac{d\varphi}{dt}>0$ 时，虽然电机的输出转矩正在随着时间的变化而减小，但车轮的附着系数仍在增大，可知此时车轮正处于不稳定的滑转状态，但由于此时电机的输出转矩在减小，所以它正向着回归附着的状态发展，此时 $\dfrac{dF_d}{dT_m}<0$。

当 $\dfrac{dT_m}{dt}>0$ 且 $\dfrac{d\varphi}{dt}<0$ 时，车辆的滑转状态十分恶劣，车轮与路面的附着系数一直在减小，而此时电机的输出转矩却还在不断随着时间增大，滑转现象不断加剧。此时，$\dfrac{dF_d}{dT_m}<0$。

当 $\dfrac{dT_m}{dt}<0$ 且 $\dfrac{d\varphi}{dt}<0$ 时，驱动电机输出转矩与车轮的附着系数都在减小。这种情况下车辆可能处在下面两种情况下：一种情况是车轮处于不稳定的滑转状态，并且滑转比较剧烈，虽然电机的输出转矩已经在减小，但由于其减小幅度不够（前文已经分析过，如果车轮已经发生滑转，则需要电机快速大幅度减小输出转矩才能抑制其滑转状态），并不能遏制车轮的滑转率继续增大，因此车轮附着系数也由于滑转率的增大还是随着时间减小；另一种情况是车辆已经处于图 2-5 中所示的稳定区域中，此时车轮与路面附着系数的变化并不影响车轮的滑转状态，但是会影响地面提供给车轮的附着力，随着附着系数的减小，路面提供给车轮的附着力也减小。经过分析后发现，此种条件下车轮滑转与否尚不能完全确定。此时，$\dfrac{dF_d}{dT_m}>0$。

又由于四轮独立驱动轮毂电机电动汽车的自身特点，电机的相关输出参数是极易得到的，通过观测电机驱动转矩 T_m 与车轮所受的牵引力来监测整个车辆的打滑状态是十分适合轮毂电机电动汽车的一种手段。因此，为了进一步发掘电机动力输出与车轮受到的牵引力的关系，由式（2-13）、式（2-14）和式（2-20）得到下面式（8-11）~式（8-14）所示的扰动系统。

$$\Delta s=\frac{\partial s}{\partial v}\Delta v+\frac{\partial s}{\partial v_\omega}\Delta v_\omega=-\frac{1}{v_{\omega 0}}\Delta v+\frac{v_0}{v_{\omega 0}^2}\Delta v_\omega \qquad (8\text{-}11)$$

$$M_\omega\frac{d}{dt}\Delta v_\omega=\Delta F_m-\Delta F_d \qquad (8\text{-}12)$$

$$M_\omega\frac{d}{dt}\Delta v=\Delta F_d \qquad (8\text{-}13)$$

$$\Delta F_{\mathrm{d}} = N\Delta\varphi = N\frac{\partial \varphi}{\partial s}\Delta s = \alpha N \Delta s \tag{8-14}$$

对上面所有公式进行整理计算，可以得到下面的电机驱动力 F_{m} 到车轮所受牵引力的传递函数[式(8-15)]。

$$\frac{\Delta F_{\mathrm{d}}}{\Delta F_{\mathrm{m}}} = K\,\frac{1}{\tau s + 1} \tag{8-15}$$

其中时间常数和给定的比列增益的具体值如式(8-16)与式(8-17)所示。

$$\tau = \frac{M_{\omega}V_{\omega 0}}{aN} \times \frac{m(1-s_0)}{M_{\omega}+M(1-s_0)} \tag{8-16}$$

$$K = \frac{M(1-s_0)}{M_{\omega}+M(1-s_0)} \tag{8-17}$$

为了简化计算，确定时间常数 τ 和比例增益 K 的 μ-λ 样本曲线就取类似于轮胎指数模型的试验公式，如式(8-18)所示。

$$\mu = -1.05(\mathrm{e}^{-4.5s} - \mathrm{e}^{-0.45s}) \tag{8-18}$$

在 MATLAB/Simulink 中得到相关的 $\mu(s)$ 曲线和 τ、K 相对于 s 的仿真曲线如图 8-10 所示。

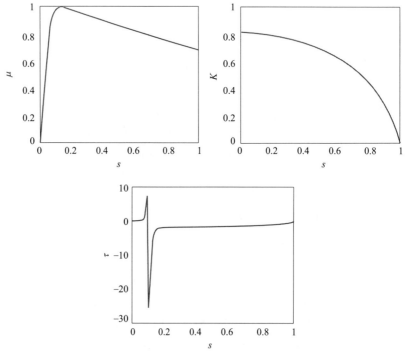

图 8-10 $\mu(s)$ 曲线和 τ、K 相对于 s 的曲线

由图 8-10 所示的曲线可以得到：在 $s=0.1$ 左右时，附着系数将会取到最大值；在 $s<0.1$ 时，基本附着；在 $s>0.1$ 时，车轮开始发生滑转。并可以总结出以下规律：s 为极小值时，$K \approx \dfrac{M}{M+M_{\omega}}$；$s$ 为极小值（附着区域）时，$\tau \ll 1$；s 趋向于 0.1 （附着区域）时，$\tau \gg 1$；s 大于 0.1 （滑转区域）时，$\tau < 0$。

将上述规律总结归纳，最后可得到式(8-19)。

$$\begin{cases} \dfrac{\mathrm{d}F_\mathrm{m}}{\mathrm{d}F_\mathrm{d}} = \dfrac{M}{M+M_\omega} & \text{(附着区域)} \\ \dfrac{\mathrm{d}F_\mathrm{m}}{\mathrm{d}F_\mathrm{d}} \leqslant 0 & \text{(滑转区域)} \end{cases} \quad (8\text{-}19)$$

可以得到，车轮的滑转状态可以通过 $\dfrac{\Delta F_\mathrm{m}}{\Delta F_\mathrm{d}}$ 的值来判断。结合前文分析发现的通过车轮角加速度阈值来对电动轮车驱动防滑系统进行具体的控制：首先通过采集车辆运动过程中驱动轮毂电机的输出转矩信息，计算得到当前行驶状态下的实时车轮角加速度的阈值，控制电机转矩使车轮角加速度始终保持在阈值范围内；接着由相关传感器观测 $\dfrac{\mathrm{d}F_\mathrm{m}}{\mathrm{d}F_\mathrm{d}}$ 的值，并以前文得到的判断规律判断车轮的滑转状态，从而最终确定是否以及如何对轮毂电机的输出转矩进行调节，来保证车辆的平稳运行。

8.4.3 基于参数 $\mathrm{d}F_\mathrm{d}/\mathrm{d}F_\mathrm{m}$ 和车轮角加速度的驱动防滑模糊控制器设计

根据模糊控制器的工作原理及其设计方法，得到基于整车参数、车轮运动状态相关参数、电机工作状态及相关参数的模糊控制办法。通过将车载传感器测得的车辆行驶状态信息输入驱动力观测器计算得到的车轮实际角加速度值、参数 $\mathrm{d}F_\mathrm{d}/\mathrm{d}F_\mathrm{m}$ 的值和车轮角加速度阈值 α_p，将这些值输入模糊控制器中进行逻辑运算后对最终的轮毂电机输出转矩进行调节控制，保证车辆不发生打滑。驱动防滑模糊控制原理框图如图8-11所示。

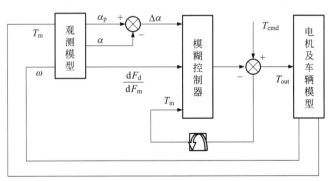

图 8-11 驱动防滑模糊控制原理框图

T_cmd 为根据驾驶员给出的踏板信号得到的输入指令。T_out 为最终实际输入驱动轮毂电机的转矩指令。由框图可知该控制器的实际输入量有车轮实际角加速度值 α 与车轮角加速度控制阈值 α_p 之差（$\Delta\alpha=\alpha_\mathrm{p}-\alpha$），车轮所受驱动力 F_d 与驱动电机输出驱动力 F_m 的导数（$\mathrm{d}F_\mathrm{d}/\mathrm{d}F_\mathrm{m}$）以及对驱动轮毂电机输出的调节转矩 T_in 三个值。前两个输入量主要用于对车辆行驶打滑状态的判断，通过其两者的联合控制以消除由于测量和监测误差对驱动防滑控制所造成的影响，希望能够得到更精确的控制结果；最后一个输入量则是对车辆在打滑状态下，驱动电机对其转矩的调节控制量。

设计的模糊控制规则见表 8-2，模糊逻辑隶属度函数如图 8-12 所示。

表 8-2 模糊控制规则

T_{out}		$\Delta\alpha$						
		NL	NM	NS	ZO	PS	PM	PL
$\dfrac{dF_d}{dF_m}$	N	PB	PB	PB	PB	PM	PM	PS
	ZO	PB	PB	PB	PM	PM	PS	PS
	P	PB	PB	PM	PM	PS	PS	ZO

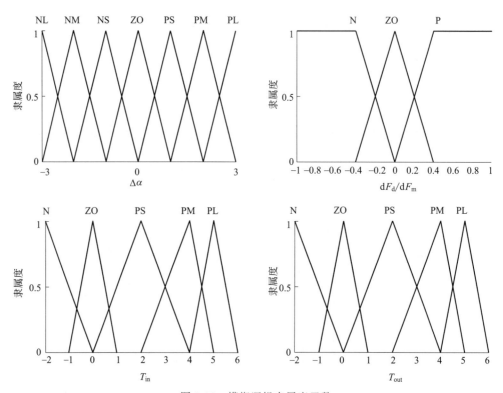

图 8-12 模糊逻辑隶属度函数

值得一提的是，在使用之前模糊规则进行仿真试验后发现，当实时滑转率超过最优滑转率时会出现 $\dfrac{dF_d}{dF_m}<0$，此时为了防止车辆打滑现象的发生，控制器将会控制电机减小其输出转矩，在这一瞬间又会产生 $\dfrac{dF_d}{dF_m}>0$ 的情况，在前面制定的模糊规则中可以发现当此时的 $\Delta\alpha$ 值为 PB 时，则输出的电机转矩 T_{out} 为 ZO，即会产生一个较大的控制量，此时在电机的仿真过程中会发生较为剧烈的波动现象，对电机的控制效果以及使用寿命会产生十分不利的影响。因此又引入了表 8-3 中所列的补充规则，只当 $\Delta\alpha$ 达到 PB 时才会启用，以减少电机的高频振荡，保证控制平稳的同时延长电机的使用寿命。

表 8-3 模糊控制补充规则

If		Then
$\Delta \alpha$	T_{in}	T_{out}
PB	PB	PM
PB	PM	PM
PB	PS	PS
PB	ZO	ZO

8.5 基于电动轮车纵向行驶安全性的驱动防滑控制系统的仿真试验

为了验证前文提出的驱动防滑控制策略，设计了基于 CarSim 与 Simulink 的联合仿真试验平台进行试验验证，在不同路面条件下，将无控制、模型跟踪控制以及提出的双参数输入的模糊控制三种控制策略进行仿真试验对比。CarSim 与 Simulink 联合仿真示意参见图 6-4。

根据之前的理论分析以及设计的模糊控制器，在 MATLAB/Simulink 中搭建相关车辆模型以及控制模块。

8.5.1 低附着路面的仿真分析

仿真条件：路面峰值附着系数 $\varphi_{max}=0.2$，最优滑转率 $s_p=0.066$，车辆初速度 $v_0=5$km/h，驾驶员对加速踏板的输入指令转化后得到的输出指令 $T_{cmd}=150$N·m。最终得到下面一系列仿真结果，其中图 8-13 所示为驱动轮毂电机输

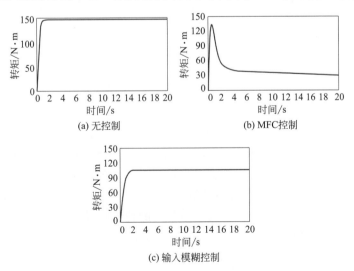

(a) 无控制　　(b) MFC控制

(c) 输入模糊控制

图 8-13 驱动轮毂电机输出转矩随时间的变化曲线

出转矩随时间的变化曲线，图 8-14 所示为等效轮速与实际车速随时间的变化曲线，图 8-15 所示为车轮滑转率随时间的变化曲线。

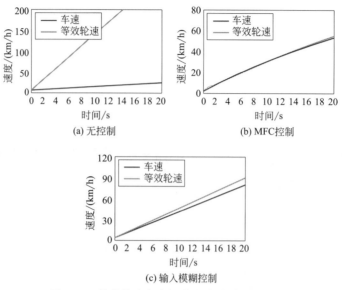

图 8-14　等效轮速与实际车速随时间的变化曲线

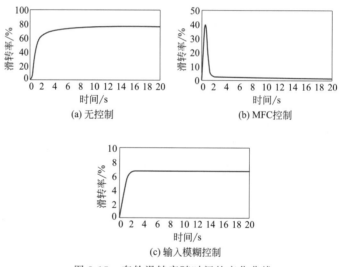

图 8-15　车轮滑转率随时间的变化曲线

通过上面的仿真试验结果对比可知，在低附着条件下，如果不进行相关驱动防滑控制，随着电机控制器不断输出驾驶员对加速踏板的控制指令（设计的 150N·m），车辆的等效轮速与实际车速会有越来越大的差距，车轮滑转率迅速上升，车辆发生十分严重的打滑现象。对比 MFC 控制与设计的输入模糊控制，发现 MFC 控制当发现车辆有发生打滑的趋势时直接将电机的输出转矩控制在一个相对较小的值（50N·m）来保证车辆能在稳定的附着状态下运动，但是对车辆实际行驶的动力性有一定的影响；而设计的双参数输入模糊控制则能对电机的输出转矩进行适当的调整（110N·m），保证车轮滑转率在当前路面条件下的最优滑转率附近,兼顾车辆行驶的动力性,对车辆进行驱动防滑控制,也有较好的控制效果。

8.5.2 中高附着路面的仿真分析

仿真条件:路面峰值附着系数 $\varphi_{max}=0.6$,对应路面条件下最优滑转率 $s_p=0.15$,车辆行驶初速度 $v_0=5\text{km/h}$,驾驶员对加速踏板的输入指令转化后得到的输出指令 $T_{cmd}=150\text{N·m}$。最终得到下面的仿真结果,其中图 8-16 所示为驱动轮毂电机输出转矩随时间的变化曲线,图 8-17 所示为等效轮速与实际车速随时间的变化曲线,图 8-18 所示为车轮滑转率随时间的变化曲线。

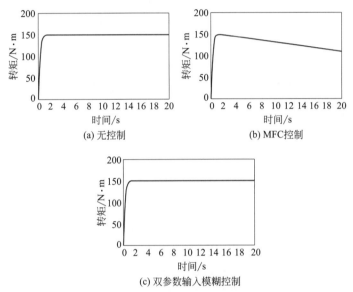

图 8-16 驱动轮毂电机输出转矩随时间的变化曲线

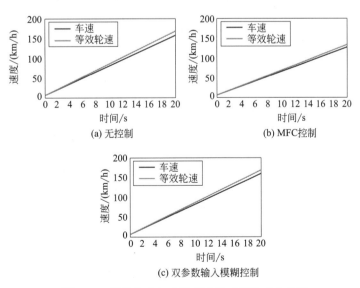

图 8-17 等效轮速与实际车速随时间的变化曲线

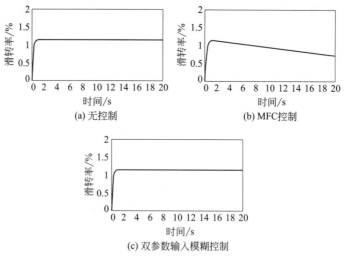

图 8-18 车轮滑转率随时间的变化曲线

由仿真试验结果可知，在中高附着路面上，由于路面条件良好，当前路面能够提供的驱动力大于驱动电机的最大输出转矩，无论是否进行驱动防滑控制，车辆都能够保持在十分良好的附着状态下运动。同样可以看到，MFC 控制对电机的输出转矩进行了一定的限制，对车辆行驶的动力性有一定的影响。

8.5.3 对接路面仿真分析

对接路面的路面峰值附着系数分别为 $\varphi_{max1}=0.6$ 和 $\varphi_{max2}=0.2$，其最优滑转率分别为 $s_{p1}=0.15$ 和 $s_{p2}=0.066$，设置车辆行驶初速度 $v_0=5\text{km/h}$，驾驶员对加速踏板的指令转化后的输出指令 $T_{cmd}=150\text{N}\cdot\text{m}$。仿真试验时，设置车辆先在高附着路面上行驶 10s 后，再进入低附着路面行驶 10s。最终得到下面的仿真结果，其中图 8-19 所示为驱动轮毂电机输出转矩随时间的变化曲线，

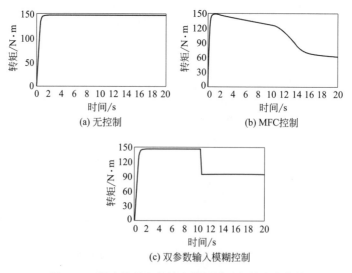

图 8-19 驱动轮毂电机输出转矩随时间的变化曲线

图 8-20 所示为等效轮速与实际车速随时间的变化曲线，图 8-21 所示为车轮滑转率随时间的变化曲线。

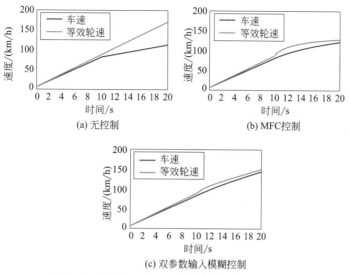

图 8-20　等效轮速与实际车速随时间的变化曲线

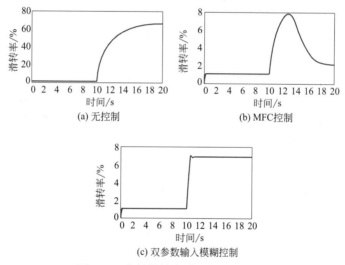

图 8-21　车轮滑转率随时间的变化曲线

对比仿真实验结果，如果不进行相关驱动防滑控制，电机不断输出驾驶员对加速踏板的控制指令（150N·m），在前半段高附着路面上行驶时车辆能够保持良好的附着状态，当车辆由高附着路面进入低附着路面后，车轮滑转率迅速升高，车辆发生剧烈打滑现象。MFC 控制和双参数输入模糊控制都具有十分良好的驱动防滑性能，在车辆由高附着路面进入低附着路面后，两种控制算法均能迅速调整电机的输出转矩，使车辆在稳定附着的状态下运动。但相比起来，设计的双参数输入模糊控制算法能够对当前路面条件下的最优滑转率进行跟踪，保证车轮滑转率基本保持在当前路面条件下的最优滑转率附近，在保证车辆行驶不打滑的基础上兼顾车辆行驶的动力性能。

综合三组仿真试验结果，两种控制方案均可完成既定的驱动防滑控制目标，但相比较而言，模型跟踪控制算法（MFC）跟踪的是一个滑转率为零的模型，其算法不需要进行路面识别等复杂设计，比较简单，所以虽然其能够保证车轮一定不发生滑转，但在保证实际车辆行驶动力性方面做得并不好，而设计的双参数输入模糊控制算法，在防滑控制效果方面基本与 MFC 控制相同，同时还兼顾了车辆行驶的动力性能。

另外，设计的基于参数 dF_d/dF_m 和车轮角加速度的模糊控制算法当控制系统发现驾驶员对控制器发出过大控制指令时，控制系统会通过算法判断在当前路面条件下所能输出的最优输出转矩，以保证车辆的平稳运行。因此，一旦车轮有开始滑转的趋势，驱动电机的输出转矩并不会进行大幅度调整，只在原有基础上适当减少输出转矩即可遏制车轮滑转现象。这一控制策略避免了电机高频振荡现象的发生，因此也保持了电机输出转矩的平稳性，改善了电机的使用特性，大大延长了其使用寿命。

8.6 双参数输入模糊控制算法鲁棒性仿真试验

在仿真试验中已经证明了设计的双参数输入模糊控制算法能够较好地完成其在防滑控制方面的控制目标。接下来将针对其算法的鲁棒性和有效性进行仿真试验验证，就不同的质量参数车辆在各种路面上进行仿真试验。由于在之前的仿真试验中已经知道，当车辆在中高附着路面上行驶时由于路面条件良好，路面能够提供的驱动力大于驱动电机的最大输出转矩，无论是否进行驱动防滑控制，车辆都能够保持平稳运行，因此仿真试验只选取在低附着路面和对接路面上进行。

8.6.1 不同质量参数车辆在低附着路面上的仿真结果

为了验证提出的双参数输入模糊控制算法的鲁棒性和有效性，现在上述仿真试验的基础上，改变整车质量继续进行仿真试验并对仿真结果进行比较。在低附着条件下针对不同质量参数车辆（整车质量为 $m=m_1$ 和整车质量为 $m=m_2$ 的车辆）在其他条件不变的情况下进行仿真试验。最终得到下面的仿真结果，其中图 8-22 所示为不同质量参数车辆的驱动轮毂电机输出转矩随时间的变化曲线，图 8-23 所示为不同质量参数车辆的等效轮速与实际车速随时间的变化曲线，图 8-24 所示为不同质量参数车辆的车轮滑转率随时间的变化曲线。

通过仿真试验结果对比可知，当车辆质量条件发生变化时，设计的驱动防滑控制系统仍可以快速地对车辆的打滑状态进行识别，并做出相应的控制，通过快速调节轮毂电机的输出转矩，有效避免车辆打滑状态的发生，保证车辆的操纵稳定性以及安全性。

通过对比试验发现设计的双参数输入模糊控制算法具有良好的鲁棒性，并

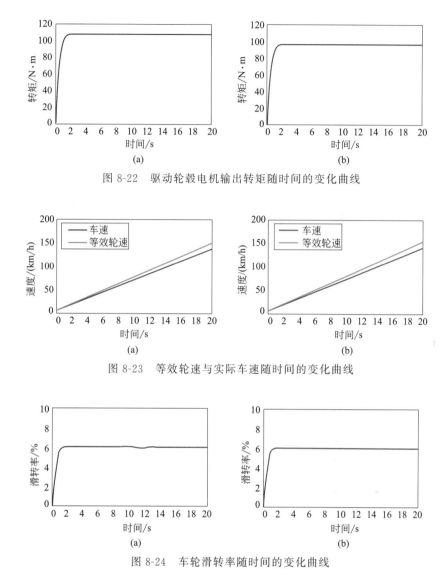

图 8-22 驱动轮毂电机输出转矩随时间的变化曲线

图 8-23 等效轮速与实际车速随时间的变化曲线

图 8-24 车轮滑转率随时间的变化曲线

不会因为车辆自身参数的变化而对控制结果造成不良的控制影响。

8.6.2 不同质量参数车辆在对接路面工况条件下的仿真结果

对接路面的路面峰值附着系数分别为 $\varphi_{max1}=0.4$ 和 $\varphi_{max2}=0.2$，其最优滑转率分别为 $s_{p1}=0.12$ 和 $s_{p2}=0.066$，设置车辆行驶初速度 $v_0=5{\rm km/h}$，驾驶员对加速踏板的指令转化后的输出指令 $T_{cmd}=150{\rm N\cdot m}$。仿真试验时，设置试验总时间为 20s，车辆按高附着、低附着、高附着的顺序在对接路面上行驶直到试验结束。其他条件不变，针对整车质量不同的两种情况（整车质量分别为 m_1 和 m_2），在对接路面上进行仿真分析。同样得到如下仿真结果，其中图 8-25 所示为不同质量参数车辆的驱动轮毂电机输出转矩随时间的变化曲线，图 8-26 所示为不同质量参数车辆的等效轮速与实际车速随时间的变化曲线，图 8-27 所示为不同质量参数车辆的车轮滑转率随时间的变化曲线。

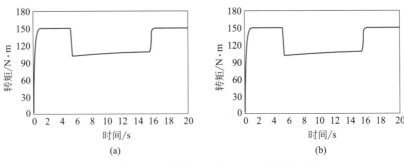

图 8-25 驱动轮毂电机输出转矩随时间的变化曲线

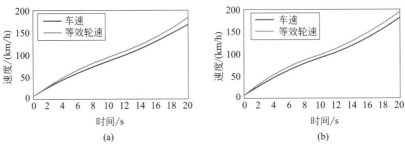

图 8-26 等效轮速与实际车速随时间的变化曲线

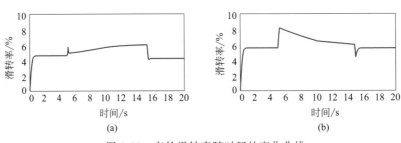

图 8-27 车轮滑转率随时间的变化曲线

从仿真结果可知，无论车辆参数如何变化，在对接路面上，所设计的驱动防滑控制器均能有效起到保持车辆行驶稳定性的作用，在路面条件突然变化的情况下，整车驱动防滑控制器可以很快地做出反应并对电机的输出转矩进行调整，保证车轮与当前路面的附着状态，控制车轮的滑转状态。

综上，对不同质量参数、不同路面条件，该控制方法均具有普遍良好的适应性，即设计的双参数输入模糊控制算法具有良好的鲁棒性和有效性。

第 9 章

分布式驱动电动汽车节能性驱动转矩控制策略

9.1 轮毂电机电动汽车系统能耗分析
9.2 轮毂电机台架试验
9.3 转矩节能优化分配算法研究
9.4 直线工况下节能性转矩控制仿真分析

轮毂电机驱动的电动汽车在直线稳定行驶工况下，利用四轮转矩独立控制的特点，在减少系统能量消耗方面有很大的潜力和灵活性，本章主要研究在较宽的转矩和速度范围内，降低整车能耗的驱动转矩分配方案。

9.1 轮毂电机电动汽车系统能耗分析

纯电动汽车在行驶过程中将电能转化成车辆所需的动能，然而在此过程中，由于存在空气阻力、滚动阻力等其他因素的作用，不可能全部转化，必然会有部分能量以热量的形式损失掉。由于轮毂电机驱动的电动汽车结构简单，少了很多机械摩擦损失，造成能量损失的因素主要集中在电池、逆变器和电机上。图 9-1 所示为新欧洲城市循环工况（NEDC）下，主要的能量损耗变化情况。可以看出，逆变器、电机的能量损失占整个电驱动系统的 90% 以上。

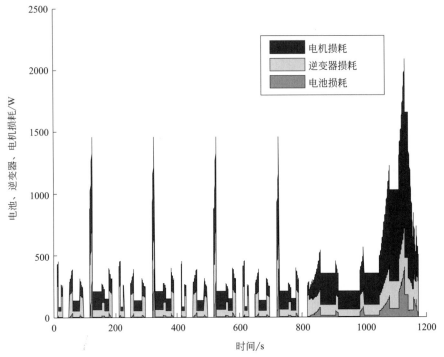

图 9-1 NEDC 工况下电驱动系统能量损耗

逆变器即电机控制器的能量损耗主要由通态损耗、开关损耗两部分组成。输出功率越大，逆变器的能量损耗越低，能量转化效率也就越高。

这里轮毂电机采用的是永磁无刷直流电机，然而电机在运转过程中，驱动效率同样不是一个恒值。轮毂电机运转过程中能量损耗主要包括铜耗、铁芯损耗（涡流损耗和磁滞损耗）、机械损耗。其中铜耗随着电机的电流增大而增大，针对永磁无刷直流电机，电机电流与输出转矩成正比，这就意味着随着电机输出转矩的增大，电机铜耗也会增加。另外，铁芯损耗由磁场在电机铁芯中交变和旋转磁化所引起的涡流损耗及磁滞损耗组成，在磁场波形和磁感应强度幅值确定的情况下,与磁场的交变频率成正比关系。电机的交变频率决定了电机的转速。电机的摩擦阻力矩可以近似与电机机械角速度成正比关系。因此,不同转矩、转速下对应了不同的电机驱动效率。

9.2 轮毂电机台架试验

依据对轮毂电机驱动车辆系统的能耗分析,系统能耗主要集中在逆变器与电机系统损耗。设计轮毂电机台架试验,得到电机驱动效率 MAP 图,为后续驱动力控制器设计奠定基础。

9.2.1 轮毂电机试验台架工作原理

这里设计轮毂电机台架试验,将电机控制器与电机作为一个整体,依据电机控制信号的不同,测量不同电机转速与转矩下电机的驱动效率。图 9-2 所示为轮毂电机特性试验原理框图,图 9-3 所示为轮毂电机特性试验台架。该台架包括被测对象(轮毂电机)、加载设备(磁粉制动器)、测量设备(转矩/转速传感器)以及用于计算电机功率的功率分析仪与恒压源。利用联轴器将上述部件连接到台架体上,保证处于同一水平高度,满足同轴度的要求。

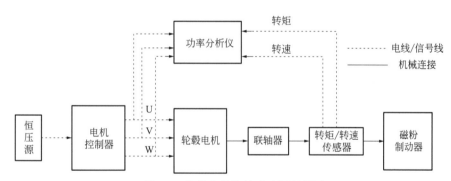

图 9-2 轮毂电机特性试验原理框图

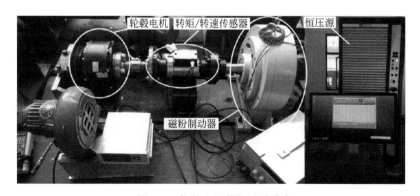

图 9-3 轮毂电机特性试验台架

9.2.2 轮毂电机特性试验设计

轮毂电机基本参数见表 9-1，为了获得电机的工作效率 MAP 图，通过调整电机控制器的控制信号，使其从零开始，步长为 0.2 不断增加，直到电机的最大响应信号。试验时在每一次增加控制信号之前，通过磁粉制动器从零开始不断地增加负载力矩，使轮毂电机工作在不同的转矩与转速下。该试验利用转矩/转速传感器实时测量记录电机的转矩与转速，并通过现有的 Fulke 功率分析仪计算电机的实时效率。最后，将所测数据进行整理，绘制出轮毂电机驱动系统效率 MAP 图，如图 9-4 所示。

表 9-1 轮毂电机基本参数

参数	单位
轮毂电机质量	kg
轮毂电机额定功率	kW
轮毂电机峰值转矩	N·m
轮毂电机峰值转速	r/min

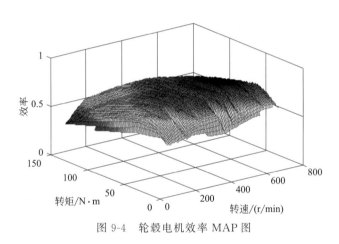

图 9-4 轮毂电机效率 MAP 图

9.3 转矩节能优化分配算法研究

轮毂电机驱动车辆在直线行驶工况下，由于不存在横摆力矩，多采用比较简单且便于实现的平均分配驱动转矩的方式，但是依据轮毂电机驱动汽车系统能耗分析与轮毂电机台架试验数据可以看出，整车电驱动系统效率会随着电机转矩与转速的变化而变化。如果在满足驾驶员需求的基础上，通过制定节能优化控制目标，合理分配四轮驱动转矩，可以在很大程度上减少整车系统能量损耗。

9.3.1 优化目标选择

(1) 侧重电机效率的目标函数

在已知轮毂电机效率 MAP 图的情况下,不同转矩与转速的电机驱动效率可以通过查表的方式获得。

设 $\eta_i(T_i,n)$ 为第 i 个电机相应转矩与转速下的驱动效率。由于不存在横摆力矩,驱动转矩分配算法可以简化为前、后轴分配问题。设前、后轴分配系数为 λ,则

$$\lambda = \frac{T_f}{T_f + T_r} \tag{9-1}$$

式中,T_f 为前轴驱动转矩;T_r 为后轴驱动转矩。

则总电机效率损耗可以表示为

$$J_1 = \eta_{\text{loss}} = (1-\eta_{\text{fl}}) + (1-\eta_{\text{fr}}) + (1-\eta_{\text{rl}}) + (1-\eta_{\text{rr}})$$

$$= 1 - \frac{1}{\dfrac{\lambda}{\eta_f(T_f,n)} + \dfrac{1-\lambda}{\eta_r(T_r,n)}} \tag{9-2}$$

(2) 侧重转矩变化的目标函数

考虑到电机的响应能力,当电机分配转矩变化过大,一方面会导致转矩分配瞬间轮毂电机电流波动较大造成能耗增加的情况,如果频繁切换电机开关也同样会导致电机控制器的能量消耗;另一方面电机需要响应的时间也会增加,即增加了电机低效率到高效率区转变的时间,造成效率降低,同时驾驶员的舒适性与车辆的机动性也会受到影响。因此这里建立考虑电机转矩变化的目标函数,即

$$J_2 = (T_1 - T_{p1})^2 + (T_2 - T_{p2})^2 + (T_3 - T_{p3})^2 + (T_4 - T_{p4})^2 \tag{9-3}$$

式中,T_i、T_{pi} 分别为分配轮毂电机转矩与当前转矩。从能耗损失与控制响应角度分析,显然 J_2 越小越好。

9.3.2 约束条件确定

车辆在直线稳定行驶工况下,其纵向驱动力应满足驾驶员对车速的需求,另外由于轮毂电机驱动能力的限制,单个车轮所分配的转矩应保证在电机输出转矩范围内。考虑到加速时存在垂直载荷后移的现象,参考轮胎摩擦椭圆曲线,为了防止不必要的车轮滑转,应限制后轮驱动转矩大于前轮。综合以上分析得出以下约束条件,即

$$\begin{cases} \sum_{i=1}^{4} T_i = \sum T \\ T_{\text{fl}} = T_{\text{fr}} \\ T_{\text{rl}} = T_{\text{rr}} \\ 0 \leqslant T_i \leqslant T_{\max} \\ T_{\text{fl}} \leqslant T_{\text{rl}} \end{cases} \tag{9-4}$$

式中，i 代表 fl、fr、rl、rr 四种情况。

9.3.3 节能优化分配算法求解

针对具有约束条件的目标函数优化问题，可以采用序列二次规划方法进行求解，但是这会导致系统复杂度增加与实时计算效率降低。对此，这里提出采用离线计算与在线优化相结合的方法。如图 9-5 所示，针对目标函数 J_1，可以通过离线计算的形式将结果存放在控制器内，针对目标函数 J_2，只要维持当前分配系数不变即可保证 J_2 最小，为了发挥两者的优势，通过模糊控制算法进行权重系数的调整，可以在很大程度上减少控制器硬件负载，提高控制性能。

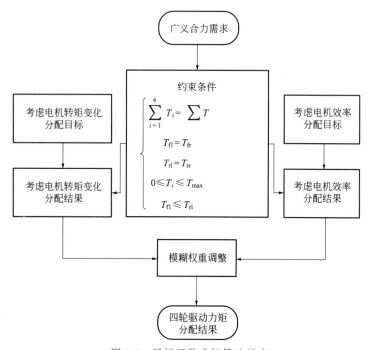

图 9-5 目标函数求解算法示意

离线计算可以通过密集取点，求得不同转矩和转速下最优分配系数。求解时，对需求转矩从 0~600 每隔 5、转速从 0~800 每隔 10 进行采样，然后将每一个采样点作为输入，通过使目标函数 J_1 最小进行优化计算，从而可以输出每一个点的最佳分配系数，流程如图 9-6 所示。

结果如图 9-7 所示。

在线优化模糊控制中，以当前轮毂电机驱动效率与最大驱动效率之比 η/η_{max} 作为控制输入，将权重系数 ξ 作为输出。

$$\lambda_e = (1-\xi)\lambda_1 + \xi\lambda_2 \tag{9-5}$$

式中，λ_e 为最终分配系数；λ_1、λ_2 分别为由目标函数 J_1、J_2 求得的分配系数。

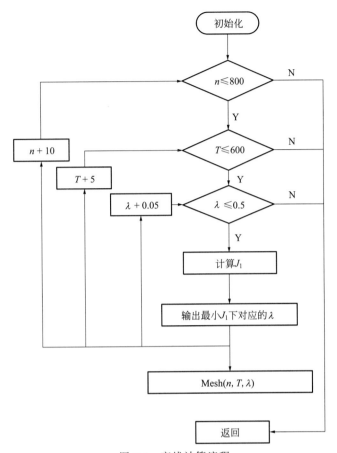

图 9-6 离线计算流程

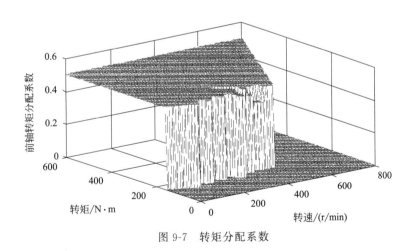

图 9-7 转矩分配系数

当轮毂电机当前驱动效率较低的情况下,应侧重于提高电机的驱动效率,如果当前驱动效率较高,希望车辆处于相对稳定的状态,此时权重系数 ξ 应大一些,以此设计模糊控制隶属度函数如图 9-8 所示,相对应的模糊规则见表 9-2。

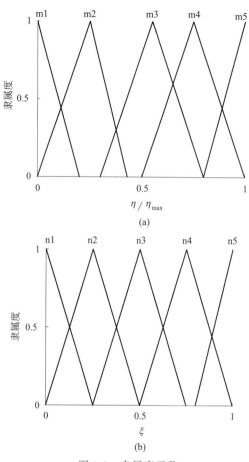

图 9-8 隶属度函数

表 9-2 模糊规则

η/η_{max}	m1	m2	m3	m4	m5
ξ	n1	n2	n3	n4	n5

9.4 直线工况下节能性转矩控制仿真分析

为了验证直线行驶工况下驱动转矩控制算法的节能性,考虑到算法较为简单,实现较为容易,设计基于 D2P 快速原型的底盘测功机试验,如图 9-9 所示。

快速原型　　　　电动汽车及底盘测功机　　　　底盘测功机数据采集界面

图 9-9 底盘测功机试验

9.4.1 基于D2P快速原型的底盘测功机台架试验介绍

底盘测功机作为一种室内试验设备，利用滚筒模拟汽车在实际行驶过程中的路面状况，通过测量相关数据分析汽车的行驶状态，其功能齐全，界面友好，可控性较强，多用于传统汽车排放试验。另外，这里提出的直线行驶工况下节能控制算法通过D2P快速原型实现，输出四轮毂电机控制器控制信号。整车由一组72V电池组进行供电，另外整车还装备了转向盘转向角、油门开度、四轮毂电机转速和转矩等传感器用于快速原型的输入。为了分析轮毂电机工作状态与系统能耗，利用电压与电流传感器进行实时数据采集分析。整车控制系统如图9-10所示。

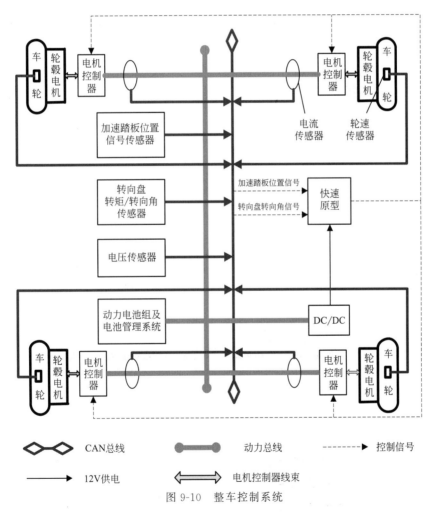

图9-10 整车控制系统

D2P是一套以产品级开发ECU为基础的快速原型化开发平台，可以对Simulink/Stateflow所开发的控制策略模型进行集成及代码生成，实现控制算法的功能验证。此台架试验通过D2P-maotohawk中模拟量输入模块与频率输入模块对通过CAN报文发送过来的传感器信号进行实时的处理分析，另外基于搭建的 Simulink 控制策略模型，计算出四轮毂电机所需控制信号，最后经过 D/A 转换模块，利用 NeoVI FIRE 硬件与电机控制器连接，其原理如图 9-11 所示。另外，试验过程中，可以利用 D2P 自带的 CAN 通道与计算机进行实时的数据报文的记录与测试分析。

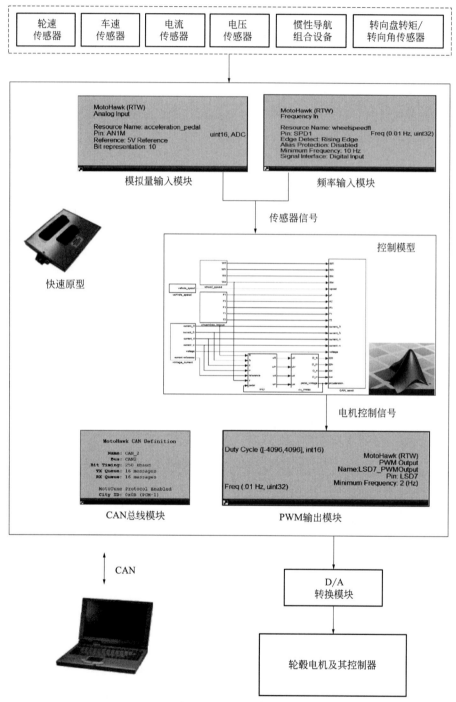

图 9-11　D2P 系统原理

9.4.2 试验结果分析

基于节能性驱动转矩分配算法,一般适用在城市等安全路况下,为了很好地贴近实际,本文选用欧洲 NEDC 标准的城市道路行驶工况。该工况能够很好地反映城市路况,如图 9-12 所示,其中包括市内、市郊道路行驶工况,在该循环里局部循环速度是恒定的,是一种稳态工况,因此很适合用来评价电动车的经济性。

如图 9-13 所示,在节能转矩控制器的作用下,车速跟随情况较好,不存在明显的偏差。

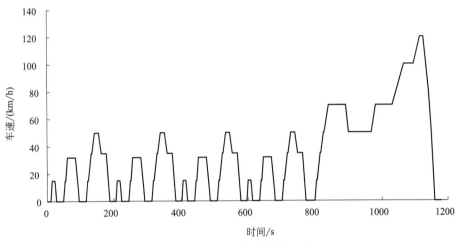

图 9-12 NEDC 城市道路工况

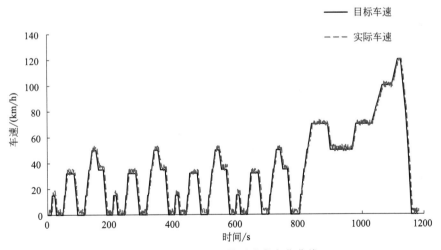

图 9-13 NEDC 工况下速度变化曲线

在保证其满足驾驶员需求的情况下,分别对电池输出电压与电流进行采样,如图 9-14 与图 9-15 所示。

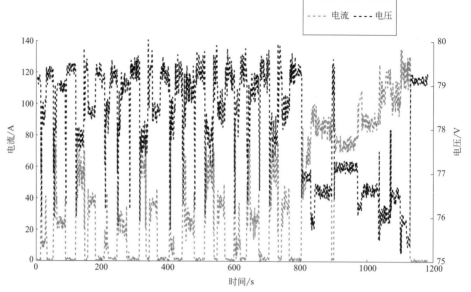

图 9-14　节能控制下电流与电压的变化曲线

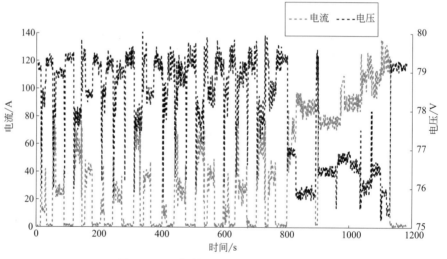

图 9-15　无控制下电流与电压的变化曲线

由于电池为整车唯一能源来源,通过电压与电流的乘积即可得到电池的瞬时功率,然后对瞬时输入功率积分即可求出整个循环工况下整车的能耗,如图 9-16 所示。很容易看出,采用经济性驱动转矩优化分配的车辆能耗略小,这充分说明优化控制算法通过调整前、后轴转矩分配系数,尽可能地使轮毂电机高效率工作,避免驱动转矩平均分配导致四个车轮都工作在效率相对较低的区域带来的系统能耗增加的情况。通过计算分析,整个 NEDC 行驶工况下,整车能耗降低了 2.65%。图 9-17 所示为优化分配后单个车轮的转矩变化情况,可以看出,整个工况下转矩没有发生频繁的改变,变化较为平稳,这是由于侧重转矩变化的目标函数起到作用,避免了转矩的跳变带来的能耗损失与动力性降低等问题。

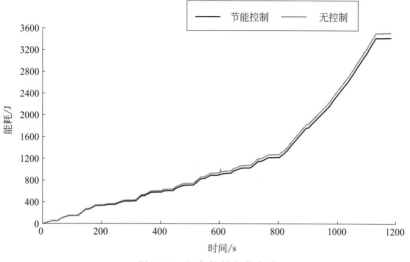

图 9-16 整车能耗变化曲线

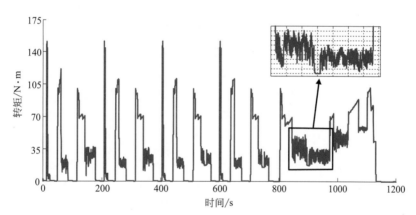

图 9-17 左前轮转矩变化曲线

第10章 分布式驱动电动汽车驱动故障补偿控制

10.1 分布式驱动电动汽车执行器故障分析
10.2 电机故障模型
10.3 执行器故障补偿设计

分布式驱动电动汽车四轮独立可控的优点给车辆稳定性控制带来了很大的潜力,随着系统复杂度的增加,电动汽车执行器和传感器的故障概率也相应增加,导致车身可能会出现非期望的车速、横摆角速度、输出转矩不协调等问题,从而使驱动电动汽车行驶安全性能下降,以及部件故障导致产生扰动现象。

10.1 分布式驱动电动汽车执行器故障分析

电动汽车系统驱动轮发生故障将会导致车辆两侧受力不平衡,导致车辆产生非期望的车速,输出转矩也不协调。如果车辆单驱动轮发生故障或者异侧两个驱动轮发生故障时,车辆中没有发生故障的电机仍可以输出一定的转矩,因此可以调整正常电机的输出转矩使车辆具有安全性、可靠性。如果驱动电动汽车同侧两个驱动轮发生故障或者三个甚至四个驱动轮发生故障时,只能控制一侧的驱动转矩,此时车辆的平衡性无法得到保证,因此在此种情况下应立即靠边停车,减小故障损失。

驱动系统执行器故障情况分为五大类,见表 10-1。

表 10-1 电动汽车执行器故障情况及车辆状态

执行器故障情况	电动汽车状况
单电机故障	危险
同轴异侧双电机故障	轻度危险
异轴异侧双电机故障	危险
同侧双电机故障	无法保证平衡,属于重度危险工况
多电机故障	无法保证平衡,属于重度危险工况

10.1.1 单电机故障

图 10-1 所示为单电机故障,其中灰色部分表示已发生故障的驱动电机,其他表示正常工作的驱动电机。在此情况下,车辆的纵向力和横向力都可以控制,因发生卡死、完全失效等故障而损失的驱动转矩可由剩余的电机驱动转矩进行故障补偿。

对发生单电机故障的电动汽车系统进行仿真,分析在单个执行器故障情况下的车身稳定性。

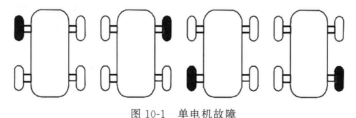

图 10-1 单电机故障

选取左前轮驱动电机完全失效故障，仿真分析左前轮驱动电机在故障中车辆横摆角速度、侧向加速度及质心侧偏角的变化，从而对单个执行器故障情况下的车身稳定性进行简单分析。电动汽车在路面上以 60km/h 的速度保持匀速直线行驶，路面附着系数为 0.8，在 2s 时左前轮驱动电机发生完全失效故障，其输出转矩为零，仿真结果如图 10-2 所示。

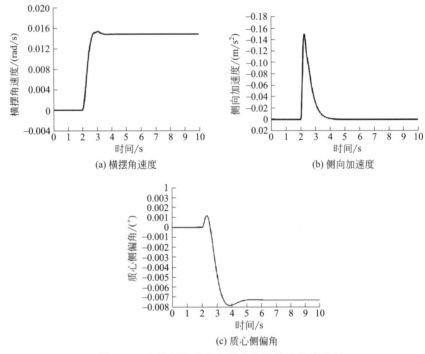

图 10-2　左前轮驱动电机完全失效故障仿真分析

由图 10-2 可见，当左前轮驱动电机发生完全失效故障时，电动汽车的横摆角速度、侧向加速度以及质心侧偏角在发生故障的时刻变化极大，此时车身处于失稳状态。如果在车辆发生执行器故障时，不对其采取相应的控制措施，车辆的稳定性和可靠性将难以维持。

10.1.2　双电机故障

图 10-3 所示为双电机故障，其中灰色部分表示已发生故障的驱动电机，其他的表示正常工作的驱动电机。同轴异侧电机故障对车身的安全性影响较小，可以通过增大剩余两个电机的驱动转矩维持车身稳定性。异轴异侧电机故障对

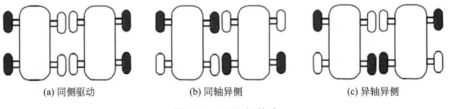

图 10-3　双电机故障

车身的安全性影响较为复杂，剩余两个电机的驱动转矩分布和车辆具体工况相关，例如各车轮载荷分布等。而同侧双电机及多电机故障无法保证车辆平衡，较为危险。

10.2 电机故障模型

10.2.1 电机故障分析

将车辆与轨迹横向误差以及车辆的纵向速度、侧向速度、横摆角速度作为状态向量，车辆的四个电机输出转矩作为控制输入向量。定义状态向量 $x_1 = [e_x, e_y, e_\alpha]^T$，定义状态向量 $x_2 = [v_x, v_y, \gamma]^T$，控制向量 $u = [u_1, u_2, u_3, u_4]^T = [T_1, T_2, T_3, T_4]^T$ 为车辆的四个电机输出转矩。将车辆系统模型表述为

$$\begin{cases} \dot{x}_1 = f_1(x_1) x_2 + g_1 \\ \dot{x}_2 = f_2(x_1, x_2) + g_2 u(t) \\ y = x_1 \end{cases} \tag{10-1}$$

其中 $f_1 = \begin{bmatrix} -1 & 0 & 0 \\ E_\alpha & -1 & D_L \\ K_L & 0 & -1 \end{bmatrix}$, $g_1 = \begin{bmatrix} v_p - t_h v_p \\ 0 \\ 0 \end{bmatrix}$

$$f_2 = \begin{bmatrix} v_y \gamma \\ -v_x \gamma \\ 0 \end{bmatrix} + B_y \begin{bmatrix} F_{y1} \\ F_{y2} \\ F_{y3} \\ F_{y4} \end{bmatrix} - \frac{B_x}{R} \begin{bmatrix} J_{\omega 1} \omega_1 \\ J_{\omega 2} \omega_2 \\ J_{\omega 3} \omega_3 \\ J_{\omega 4} \omega_4 \end{bmatrix}, \quad g_2 = \frac{B_x}{R}$$

$$B_x = \begin{bmatrix} \frac{1}{m} & 0 & 0 \\ 0 & \frac{1}{m} & 0 \\ 0 & 0 & \frac{1}{I_z} \end{bmatrix} \begin{bmatrix} \cos\delta & \cos\delta & 1 & 1 \\ \sin\delta & \sin\delta & 0 & 0 \\ l_f \sin\delta - \frac{d}{2}\cos\delta & l_f \sin\delta + \frac{d}{2}\cos\delta & -\frac{d}{2} & -\frac{d}{2} \end{bmatrix}$$

$$B_y = \begin{bmatrix} \frac{1}{m} & 0 & 0 \\ 0 & \frac{1}{m} & 0 \\ 0 & 0 & \frac{1}{I_z} \end{bmatrix} \begin{bmatrix} -\sin\delta & -\sin\delta & 0 & 0 \\ \cos\delta & \cos\delta & 1 & 1 \\ l_f \cos\delta + \frac{d}{2}\sin\delta & l_f \cos\delta - \frac{d}{2}\sin\delta & -l_r & -l_r \end{bmatrix}$$

式中，e_x 为车辆与车辆之间的纵向误差；e_y 为车辆纵向位移误差；e_α 为车辆和参考轨迹之间的切向角度偏差，即偏航误差；E_α 为 e_α 的阈值；K_L 为侧偏

刚度系数；D_L 为车辆稳定系数；v_p 为车辆跟车时前车速度；t_h 为惯性环节常数；m 为车辆质量；I_z 为车轮转动惯量；l_r、l_f 分别为质心到前、后轴的距离；d 为轮距；δ 为转向轮转角；v_x、v_y 分别为车辆的纵向和侧向速度；γ 为绕质心旋转的横摆角速度；F_{yi} 为车轮受到的侧向力；$J_{\omega i}$ 为车轮的转动惯量；ω_i 为车轮的旋转角速度。下标 $i=1,2,3,4$，分别代表左前轮、右前轮、左后轮、右后轮。

考虑单个执行器故障情况，其他故障情况的故障补偿控制器设计过程类似。常见的执行器故障模式有常值故障、时变故障，而执行器常值故障又包括卡死故障和完全失效故障，所以下面分别给出相应的执行器故障模型。

① 执行器卡死。第 i 个执行器卡死的故障模型为

$$T_i = \overline{u}_{i0} \tag{10-2}$$

式中，$\overline{u}_{i0}$ 为轮内电机卡死后产生的常值信号。

② 执行器完全失效。一般在实际系统中，执行器的输出存在上、下限，当输出为 0 时，执行器发生完全失效故障，即 $T_i = 0$ 时。

③ 执行器时变。执行器产生的故障也可能是时变的，实际行车情况可以选取正弦函数描述时变故障，即

$$T_i = \overline{u}_{i1} \sin\omega_{i1} t \tag{10-3}$$

式中，$\overline{u}_{i1}$ 为未知常数。

设故障输入为 $u_j = \overline{u}_j(t)$，考虑由于电机本身产品质量、铁耗、变频等原因导致的电机未知输出转矩的变化，综合故障模型为

$$u_j(t) = \overline{u}_j(t) = \overline{u}_{j0} + \sum_{i=1}^{q_j} \overline{u}_{ji} f_{ji}(t) = \theta_j^{*T} \pi_j(t), t \geq t_j \tag{10-4}$$

式中，$f_{ji}(t)(i=2,3,\cdots,q_j)$ 为时变函数，$\theta_j^{*T} = [\overline{u}_{j0}, \overline{u}_{j1}, \cdots, \overline{u}_{jq_j}]^T \in R^{q_j+1}$ 为未知故障参数向量；$\pi_j(t) = [1, f_{j1}(t), \cdots, f_{jq_j}(t)]^T \in R^{q_j+1}$ 为已知基函数。

于是得到车辆系统故障情况下的输入信号为

$$u(t) = [I - \sigma(t)]v(t) + \sigma(t)\overline{u}(t) \tag{10-5}$$

式中，$\sigma(t) = \text{diag}\{\sigma_1(t), \sigma_2(t), \sigma_3(t), \sigma_4(t)\}$ 为执行器故障模式矩阵，矩阵分量取值为 0 或 1。$\sigma(t)$ 的取值分别表示某一个执行器无故障或发生故障。$v(t)$ 为待设计的反馈控制输入信号。系统基本结构框图如图 10-4 所示。

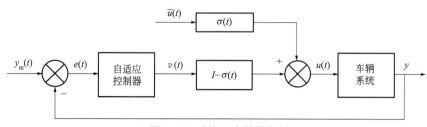

图 10-4 系统基本结构框图

可用表 10-2 来描述执行器故障模型。

表 10-2 故障模型

故障模式	$I-\sigma(t)$	$\sigma(t)$
正常	I	0
完全失效（中断）	0	1
卡死	0	1
时变	0	1

考虑以下三种故障情况，其他单个电机和对应的控制器故障情况设计过程类似。

① 四个电机和对应的控制器无故障：$u_i(t)=v_i(t),i=(1,2,3,4)$。
② 1号电机和对应的控制器故障：$u_1(t)=\bar{u}_1(t),u_i(t)=v_i(t),i=(1,2,3,4)$。
③ 4号电机和对应的控制器故障：$u_4(t)=\bar{u}_4(t),u_i(t)=v_i(t),i=(1,2,3,4)$。

这三种情况对应的故障模式矩阵表示为

$$\sigma_{(1)}=\begin{bmatrix}0&0&0&0\\0&0&0&0\\0&0&0&0\\0&0&0&0\end{bmatrix},\sigma_{(2)}=\begin{bmatrix}1&0&0&0\\0&0&0&0\\0&0&0&0\\0&0&0&0\end{bmatrix},\sigma_{(3)}=\begin{bmatrix}0&0&0&0\\0&0&0&0\\0&0&0&0\\0&0&0&1\end{bmatrix}$$

10.2.2 发生单个执行器未知故障的控制原则

针对电动汽车控制系统发生单个执行器未知故障情况下的队列保持和轨迹跟踪问题，设计自适应反馈控制信号 $v(t)$，使车辆闭环系统稳定的同时实现跟踪误差趋近于零。

基于 Backstepping 自适应的执行器故障补偿控制策略设计内容主要分为以下五部分。

① 运用 Backstepping 方法设计理想的控制信号。
② 假设故障信息已知，引入故障指示函数，根据理想的控制信号，推导出三种故障模式下的理想控制律。
③ 将三种故障模式下理想的控制器进行融合得到综合补偿控制器。
④ 在第③步的基础上，设计自适应律，对执行器故障参数、综合控制器参数进行估计。
⑤ 基于李雅普诺夫稳定性理论，分析所设计的自适应 Backstepping 控制器对车辆闭环系统的稳定性和对输出指令的跟踪性能。

10.3 执行器故障补偿设计

车辆控制系统采用 Backstepping 控制和自适应控制相结合的方法对未知故障进行容错控制。

10.3.1　Backstepping 控制设计

将反演法的基本原理应用于控制器设计中,以下为该方法在电动汽车容错控制上的设计及应用。

定义第一个子系统和第二个子系统误差分别为 $z_1=x_1-y_m$，$z_2=x_2-\alpha_1$，y_m 为参考输出，α_1 为待设计的函数。

定义李雅普诺夫函数为 $V_1=\dfrac{1}{2}z_1^T z_1$，则 V_1 关于时间的导数为

$$\dot{V}_1=z_1^T[f_1(x_1)(z_2+\alpha_1)+g_1-\dot{y}_m] \tag{10-6}$$

式中，当 z_1 趋近于 0 时，$\dot{V}_1$ 需要维持负定，才能保证状态量 x_1 的稳定性。于是将 x_1 视为中间变量，函数 α_1 选取为

$$\alpha_1=f_1^{-1}(x_1)(-c_1 z_1-g_1+\dot{y}_m) \tag{10-7}$$

将式(10-7)代入式(10-6)中,则关于状态 z_1 的李雅普诺夫函数 V_1 的导数为

$$\dot{V}_1=-c_1 z_1^T z_1+z_1 f_1(x_1)z_2,c_1>0 \tag{10-8}$$

式中,当 $z_2=0$ 时才能确保 V_1 为负定,所构造的 α_1 才能使车辆系统稳定,然而误差 $z_2\neq 0$。因此,需要寻找合适的控制输入 $u(t)$,能够使误差变量 z_2 渐近地收敛于零。

定义李雅普诺夫函数为 $V_2=V_1+\dfrac{1}{2}z_2^T z_2$，则 V_2 关于时间的导数为

$$\dot{V}_2=-c_1 z_1^T z_1+z_1^T f_1(x)z_2+z_2^T[f_2+g_2 u(t)-\alpha_1] \tag{10-9}$$

为了使李雅普诺夫函数 V_2 的导数始终为负,得到理想的控制信号 $u_d(t)$ 为

$$u_d(t)=g_2 u(t)\equiv -c_2 z_2-f_1^T z_1-f_2+\alpha_1,c_2>0 \tag{10-10}$$

将式(10-10)代入式(10-9)中,则关于状态 z_1，z_2 的李雅普诺夫函数 V_2 的导数为

$$\dot{V}_2=-c_1 z_1^T z_1-c_2 z_2^T z_2\leqslant 0 \tag{10-11}$$

式中,由 $V_2\leqslant 0$ 可知 V_2 维持负定,说明这两个子系统同时镇定,实现了理想的控制目标,保证了车辆系统的稳定和渐近跟踪。

10.3.2　自适应故障补偿设计

针对提出的三种故障情况,即驱动电机全部正常工作、左前电机发生故障、右后电机发生故障。假设故障已知,在此基础上分别设计对应的故障补偿方案。引入故障指示函数 χ_1^*，$\chi_1^*=1$ 表示没有执行器故障的情况,否则 $\chi_1^*=0$。引入故障指示函数 χ_2^*，$\chi_2^*=1$ 表示执行器 1 故障的情况,否则 $\chi_1^*=0$。引入故障指示函数 χ_3^*，$\chi_3^*=1$ 表示执行器 4 故障的情况,否则 $\chi_3^*=0$。综合三种故障情况,得到综合的控制律,多个控制器融合原理如图 10-5 所示。

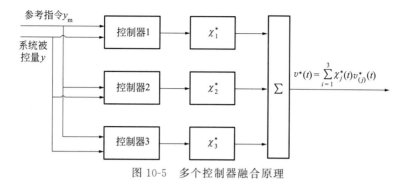

图 10-5 多个控制器融合原理

(1) 理想的故障补偿设计

针对上文提出的三种故障情况，假设故障已知，分别设计对应的故障补偿方案。

① 无执行器故障时的理想故障补偿设计　没有执行器故障的情况下，$u(t)=v(t)$，$t \geq 0$，设计信号 $v(t)=v(t)_{(1)}^*=h_{21}v_{0(1)}^*(t)$，则控制信号方程为

$$u_d(t)=g_2 h_{21} v_{0(1)}^*(t) \tag{10-12}$$

式中，$h_{21} \in \mathrm{R}^{4 \times 3}$ 的选取应使 $v_{0(1)}^*(t)$ 为非奇异。通过选取 h_{21} 得到为 $v_{0(1)}^*(t)$，即

$$v_{0(1)}^*(t)=K_{21} u_d(t) \tag{10-13}$$

式中，$K_{21} \in \mathrm{R}^{3 \times 3}$。从而也可得出 $v_{0(1)}^*(t)$ 和 $v_{(1)}^*(t)$。

② 执行器 1 故障时的理想故障补偿设计　在执行器 1 故障的情况下，$u_1(t)=\bar{u}_1(t)$，$u_i(t)=v_i(t)$，$i=2,3,4$ 且设计信号 $v_1(t)=0$。记 $g_2=[g_{21},g_{2(2)}]$，其中 $g_{2(2)}=[g_{22},g_{23},g_{24}]$，记 $v(t)=v_{(2)}^*(t)=[0,v_{\alpha(2)}^{*\mathrm{T}}(t)]^\mathrm{T}$，其中 $v_{\alpha(2)}(t)=[v_2(t),v_3(t),v_4(t)]^\mathrm{T}$。设计信号 $v_{\alpha(2)}^*(t)=h_{22}v_{0(2)}^*(t)$，则控制信号方程为

$$u_d(t)=g_{21}\bar{u}_1(t)+g_{2(2)}h_{22}v_{0(2)}^*(t) \tag{10-14}$$

式中，$h_{22} \in \mathrm{R}^{3 \times 3}$ 的选取应使 $v_{0(2)}^*(t)$ 为非奇异，通过选取 h_{22} 得到 $v_{0(2)}^*(t)$ 为

$$v_{0(2)}^*(t)=K_{22}u_d(t)+K_{221}\bar{u}_1(t) \tag{10-15}$$

式中，$K_{22} \in \mathrm{R}^{3 \times 4}$，$K_{221} \in \mathrm{R}^{3 \times 4}$，从而也可得出 $v_{0(2)}^*(t)$ 和 $v_{\alpha(2)}^*(t)$，也就解得 $v_{(2)}^*(t)$。

③ 执行器 4 故障时的理想故障补偿设计　在执行器 4 故障的情况下，$u_4(t)=\bar{u}_4(t)$，且设计信号 $v_4(t)=0$。此时，记 $g_2=[g_{2(1)},g_{24}]$，其中 $g_{2(1)}=[g_{21},g_{22},g_{23}]$，记 $v(t)=v_{(3)}^*(t)=[v_{\alpha(3)}^{*\mathrm{T}}(t),0]^\mathrm{T}$，其中 $v_{\alpha(3)}(t)=[v_1(t),v_2(t),v_2(t)]^\mathrm{T}$。设计信号 $v_{\alpha(3)}^*(t)=h_{23}v_{0(3)}^*(t)$，则控制信号方程为

$$u_d(t)=g_{2(1)}h_{23}v_{0(3)}^*+g_{24}\bar{u}_4(t) \tag{10-16}$$

式中，$h_{23} \in \mathrm{R}^{3\times 3}$ 的选取应使 $v_{0(3)}(t)$ 有解，通过选取 h_{23} 得到 $v_{0(3)}^{*}(t)$ 为

$$v_{0(3)}^{*}(t) = K_{23} u_{\mathrm{d}}(t) + K_{234} \overline{u}_4(t) \tag{10-17}$$

式中，$K_{23} \in \mathrm{R}^{3\times 4}$，$K_{234} \in \mathrm{R}^{3\times 3}$，从而也可得出 $v_{0(3)}^{*}(t)$ 和得 $v_{\alpha(3)}^{*}(t)$，也就解得 $v_{(3)}^{*}(t)$。

基于此，引入故障指示函数为

$$\chi_1^* = \begin{cases} 1, 无故障 \\ 0, 其他 \end{cases}, \chi_2^* = \begin{cases} 1, u_1 \text{故障} \\ 0, 其他 \end{cases}, \chi_3^* = \begin{cases} 1, u_4 \text{故障} \\ 0, 其他 \end{cases} \tag{10-18}$$

综合各故障情况，得到综合控制律为

$$v^*(t) = \chi_1^*(t) v_{(1)}^*(t) + \chi_2^*(t) v_{(2)}^*(t) + \chi_3^*(t) v_{(3)}^*(t) \tag{10-19}$$

(2) 自适应故障补偿设计

依据 Backstepping 控制设计和加权融合得到了理想的故障补偿控制器。但是当故障信息未知时，综合控制律 $v^*(t)$ 没法针对各个故障情况进行补偿控制。因此，需要进一步设计自适应故障补偿控制器 $v(t)$，设计过程如下。

根据式(10-19) 理想控制器 $v^*(t)$ 得到自适应补偿控制器结构为

$$v(t) = v_{\chi_1(1)}(t) + v_{\chi_2(2)}(t) + v_{\chi_3(3)}(t) \tag{10-20}$$

式中，$v_{\chi_1(1)}(t)$、$v_{\chi_2(2)}(t)$、$v_{\chi_3(3)}(t)$ 分别为 $\chi_1^*(t) v_{(1)}^*(t)$、$\chi_2^*(t) v_{(2)}^*(t)$、$\chi_3^*(t) v_{(3)}^*(t)$ 的估值。

第一种故障情况，由式(10-12) 和式(10-13) 得

$$\chi_1^* v_{(1)}^* = h_{21} K_{21} u_{\mathrm{d}} \chi_1^* = \mathrm{diag}\{\chi_{11}^*, \chi_{12}^*, \chi_{13}^*, \chi_{14}^*\} h_{21} K_{21} u_{\mathrm{d}} \tag{10-21}$$

式中，$\chi_{1i}^*(t) = \chi_1^*(t)$，$i = 1, 2, 3, 4$。

第二种故障情况，由式(10-4) 以及式(10-14) 和式(10-15) 得

$$\chi_2^* v_{\alpha(2)}^*(t) = h_{22} K_{22} u_{\mathrm{d}}(t) \chi_2^* + h_{22} K_{221} \pi_1^{\mathrm{T}} \theta_1^* \chi_2^* \tag{10-22}$$

式(10-22) 中，令 $\phi_2 = h_{22} K_{221} = [\phi_{21}, \phi_{22}, \phi_{23}]^{\mathrm{T}}$ 得

$$\chi_2^* v_{\alpha(2)}^*(t) = \mathrm{diag}\{\chi_{21}^*, \chi_{22}^*, \chi_{23}^*\} h_{22} K_{22} u_{\mathrm{d}} + \begin{bmatrix} \theta_{1(1)}^{*\mathrm{T}} & \pi_1 & \phi_{21} \\ \theta_{1(2)}^{*\mathrm{T}} & \pi_1 & \phi_{22} \\ \theta_{1(3)}^{*\mathrm{T}} & \pi_1 & \phi_{23} \end{bmatrix} \tag{10-23}$$

式中，$\chi_{2i}^* = \chi_2^*(t)$，$\theta_{1(i)}^{*\mathrm{T}}(t) = \chi_2^*(t) \theta_1^*$，$i = 1, 2, 3$。

第三种故障情况，由式(10-4) 以及(10-16) 和式(10-17) 得

$$\chi_3^* v_{\alpha(3)}^*(t) = h_{23} K_{23} u_{\mathrm{d}}(t) \chi_3^* + h_{23} K_{234} \pi_4^{\mathrm{T}} \theta_4^* \chi_3^* \tag{10-24}$$

式(10-24) 中，令 $\phi_3 = h_{23} K_{234} = [\phi_{31}, \phi_{32}, \phi_{33}]^{\mathrm{T}}$ 得

$$\chi_3^* v_{\alpha(3)}^*(t) = \mathrm{diag}\{\chi_{31}^*, \chi_{32}^*, \chi_{33}^*\} h_{23} K_{23} u_{\mathrm{d}} + \begin{bmatrix} \theta_{4(1)}^{*\mathrm{T}} & \pi_4 & \phi_{31} \\ \theta_{4(2)}^{*\mathrm{T}} & \pi_4 & \phi_{32} \\ \theta_{4(3)}^{*\mathrm{T}} & \pi_4 & \phi_{33} \end{bmatrix} \tag{10-25}$$

式中，$\chi_{3i}^* = \chi_3^*(t)$，$\theta_{4(i)}^{*\mathrm{T}}(t) = \chi_3^*(t)\theta_4^*$，$i=1,2,3$。

综上可得自适应补偿控制器[式(10-20)]的具体形式为

$$v(t) = \mathrm{diag}\{\chi_{11}^*, \chi_{12}^*, \chi_{13}^*, \chi_{14}^*\} h_{21} K_{21} u_\mathrm{d}$$

$$+ \begin{bmatrix} 0 & \mathrm{diag}\{\chi_{21}^*, \chi_{22}^*, \chi_{23}^*\} h_{22} K_{22} u_\mathrm{d} + \begin{bmatrix} \theta_{1(1)}^{*\mathrm{T}} & \pi_1 & \phi_{21} \\ \theta_{1(2)}^{*\mathrm{T}} & \pi_1 & \phi_{22} \\ \theta_{1(3)}^{*\mathrm{T}} & \pi_1 & \phi_{23} \end{bmatrix} \end{bmatrix}$$

$$+ \begin{bmatrix} \mathrm{diag}\{\chi_{31}^*, \chi_{32}^*, \chi_{33}^*\} h_{23} K_{23} u_\mathrm{d} + \begin{bmatrix} \theta_{4(1)}^{*\mathrm{T}} & \pi_4 & \phi_{31} \\ \theta_{4(2)}^{*\mathrm{T}} & \pi_4 & \phi_{32} \\ \theta_{4(3)}^{*\mathrm{T}} & \pi_4 & \phi_{33} \end{bmatrix} & 0 \end{bmatrix} \quad (10\text{-}26)$$

将实际的控制信号 $u(t)$ 和理想的控制信号 $u_\mathrm{d}(t)$ 之间的误差 $u(t) - u_\mathrm{d}(t)$ 转化为反馈控制信号误差 $v - v^*$ 得到反馈误差信号为

$$(v - v^*) = \mathrm{diag}\{\tilde{\chi}_{11}, \tilde{\chi}_{12}, \tilde{\chi}_{13}, \tilde{\chi}_{14}\} h_{21} K_{21} u_\mathrm{d}$$

$$+ \begin{bmatrix} 0 & \mathrm{diag}\{\tilde{\chi}_{21}, \tilde{\chi}_{22}, \tilde{\chi}_{23}\} h_{22} K_{22} u_\mathrm{d} + \begin{bmatrix} \tilde{\theta}_{1(1)}^{\mathrm{T}} & \pi_1 & \phi_{21} \\ \tilde{\theta}_{1(2)}^{\mathrm{T}} & \pi_1 & \phi_{22} \\ \tilde{\theta}_{1(3)}^{\mathrm{T}} & \pi_1 & \phi_{23} \end{bmatrix} \end{bmatrix}$$

$$+ \begin{bmatrix} \mathrm{diag}\{\tilde{\chi}_{31}, \tilde{\chi}_{32}, \tilde{\chi}_{33}\} h_{23} K_{23} u_\mathrm{d} + \begin{bmatrix} \tilde{\theta}_{4(1)}^{\mathrm{T}} & \pi_4 & \phi_{31} \\ \tilde{\theta}_{4(2)}^{\mathrm{T}} & \pi_4 & \phi_{32} \\ \tilde{\theta}_{4(3)}^{\mathrm{T}} & \pi_4 & \phi_{33} \end{bmatrix} & 0 \end{bmatrix} \quad (10\text{-}27)$$

式中，χ_{ji}、$\theta_{1(i)}$、$\theta_{4(i)}$ 分别为对应的 χ_{ji}^*、$\theta_{1(i)}^*$、$\theta_{4(i)}^*$ 的估计值。

(3) 自适应律

为保证参数估计的有界性，可以在参数自适应律中增加鲁棒项或者投影算子。选择在处理自适应律时采用投影算子。经过综合计算，设计得到控制器参数 χ_{ji}、$\theta_{1(i)}$、$\theta_{4(i)}$ 的自适应律为

$$\hat{\chi}_{1i}(t) = \begin{cases} -\gamma_{1i} z_2^{\mathrm{T}} g_{2i} v_{1i} & i=2,3 \\ -\gamma_{1i} z_2^{\mathrm{T}} g_{2i} v_{1i} + f_{\chi_{1i}} & i=1,4 \end{cases} \quad (10\text{-}28)$$

$$\hat{\chi}_{2i}(t) = \begin{cases} -\gamma_{2i} z_2^{\mathrm{T}} g_{2(i+1)} v_{2i} & i=2,3 \\ -\gamma_{2i} z_2^{\mathrm{T}} g_{2(i+1)} v_{2i} + f_{\chi_{2i}} & i=1,4 \end{cases} \quad (10\text{-}29)$$

$$\hat{\chi}_{3i}(t) = \begin{cases} -\gamma_{3i} z_2^{\mathrm{T}} g_{2i} v_{3i} & i=2,3 \\ -\gamma_{3i} z_2^{\mathrm{T}} g_{2i} v_{3i} + f_{\chi_{3i}} & i=1,4 \end{cases} \quad (10\text{-}30)$$

$$\hat{\theta}_{1(i)}(t) = \begin{cases} -\Gamma_{1i}\pi_1 z_2^{\mathrm{T}} g_{2(i+1)} \phi_{2i} & i=1,2 \\ -\Gamma_{1i}\pi_1 z_2^{\mathrm{T}} g_{2(i+1)} \phi_{2i} + f_{\theta_{1(i)}} & i=3 \end{cases} \quad (10\text{-}31)$$

$$\hat{\theta}_{4(i)}(t) = \begin{cases} -\Gamma_{4i}\pi_4 z_2^{\mathrm{T}} g_{2i} \phi_{3i} & i=2,3 \\ -\Gamma_{4i}\pi_4 z_2^{\mathrm{T}} g_{2i} \phi_{3i} + f_{\theta_{4(i)}} & i=1 \end{cases} \quad (10\text{-}32)$$

式(10-28)~式(10-32)中，$\gamma_{pi}>0(p=1,2,3)$ 为自适应增益，$\Gamma_{1i}=\Gamma_{1i}^{\mathrm{T}}>0$、$\Gamma_{4i}=\Gamma_{4i}^{\mathrm{T}}>0$ 为自适应增益矩阵，投影算子取值为

$$f_{\chi_{pi} \atop (p=1,2,3)} = \begin{cases} -h_{\chi_{pi}} & \chi_{pi} \geqslant 1 \text{ 且 } h_{\chi_{pi}}>0, \text{或者 } \chi_{pi} \leqslant 0 \text{ 且 } h_{\chi_{pi}}<0 \\ 0 & \text{其他} \end{cases} \quad (10\text{-}33)$$

$$f_{\theta_{n(i)} \atop (n=1,4)} = \begin{cases} -h_{\theta_{n(i)}} & \theta_{n(i)(j_n)} \geqslant \theta_{j_n}^b \text{ 且 } h_{\theta_{n(i)(j_n)}}>0, \text{或者 } \theta_{n(i)(j_n)} \leqslant \theta_{j_n}^a \text{ 且 } h_{\theta_{n(i)(j_n)}}<0 \\ 0 & \text{其他} \end{cases}$$
$$(10\text{-}34)$$

式中，$h_{\chi_{1i}}=-\gamma_{1i}z_2^{\mathrm{T}}g_{2i}v_{1i}$，$h_{\chi_{2i}}=-\gamma_{2i}z_2^{\mathrm{T}}g_{2(i+1)}v_{2i}$，$h_{\chi_{3i}}=-\gamma_{3i}z_2^{\mathrm{T}}g_{2i}v_{3i}$，$h_{\theta_{1(i)}}=-\Gamma_{1i}\pi_1 z_2^{\mathrm{T}}g_{2(i+1)}\phi_{2i}$，$h_{\theta_{4(i)}}=-\Gamma_{4i}\pi_4 z_2^{\mathrm{T}}g_{2i}\phi_{3i}$。$\theta_{n(i)(j_n)}$ 和 $h_{\theta_{n(i)(j_n)}}$ 为 $\theta_{n(i)}$ 和 $h_{\theta_{n(i)}}$ 的第 $j_n(j_n=0,1,\cdots,q_n)$ 个分量。由故障指示函数的定义知 $\theta_{j_n}^b \leqslant \theta_{n(i)(j_n)}(t) \leqslant \theta_{j_n}^a$，$j_n=0, 1, \cdots, q_n$，其中 $\theta_{j_n}^a \leqslant 0$ 和 $\theta_{j_n}^b \geqslant 0$ 分别为 $\theta_{n(i)(j_n)}^*(t)$ 的下限和上限。取值范围的有界性，保证了投影法中 χ_{ji} 和 θ_{ni} 估计值的有界性。

10.3.3 性能分析

① 驱动电机和对应控制器无故障时李雅普诺夫函数为

$$V_1 = \frac{1}{2}z_1^{\mathrm{T}}z_1 + \frac{1}{2}z_2^{\mathrm{T}}z_2 + \frac{1}{2}\Big[\sum_{i=1}^{4}\tilde{\chi}_{1i}^2\gamma_{1i}^{-1} + \sum_{i=1}^{3}\tilde{\chi}_{2i}^2\gamma_{2i}^{-1} + \sum_{i=1}^{3}\tilde{\chi}_{3i}^2\gamma_{3i}^{-1} + \sum_{i=1}^{3}\tilde{\theta}_{1(i)}^{\mathrm{T}}\Gamma_{1i}^{-1}\tilde{\theta}_{1(i)} + \sum_{i=1}^{3}\tilde{\theta}_{4(i)}^{\mathrm{T}}\Gamma_{4i}^{-1}\tilde{\theta}_{4(i)}\Big] \quad (10\text{-}35)$$

② 左前电机和对应控制器故障时的李雅普诺夫函数为：

$$V_2 = \frac{1}{2}z_1^{\mathrm{T}}z_1 + \frac{1}{2}z_2^{\mathrm{T}}z_2 + \frac{1}{2}\Big[\sum_{i=2}^{4}\tilde{\chi}_{1i}^2\gamma_{1i}^{-1} + \sum_{i=1}^{3}\tilde{\chi}_{2i}^2\gamma_{2i}^{-1} + \sum_{i=2}^{3}\tilde{\chi}_{3i}^2\gamma_{3i}^{-1} + \sum_{i=1}^{3}\tilde{\theta}_{1(i)}^{\mathrm{T}}\Gamma_{1i}^{-1}\tilde{\theta}_{1(i)} + \sum_{i=2}^{3}\tilde{\theta}_{4(i)}^{\mathrm{T}}\Gamma_{4i}^{-1}\tilde{\theta}_{4(i)}\Big] \quad (10\text{-}36)$$

③ 右后电机和对应控制器故障时的李雅普诺夫函数为

$$V_3 = \frac{1}{2}z_1^{\mathrm{T}}z_1 + \frac{1}{2}z_2^{\mathrm{T}}z_2 + \frac{1}{2}\Big[\sum_{i=1}^{3}\tilde{\chi}_{1i}^2\gamma_{1i}^{-1} + \sum_{i=1}^{2}\tilde{\chi}_{2i}^2\gamma_{2i}^{-1} + \sum_{i=1}^{3}\tilde{\chi}_{3i}^2\gamma_{3i}^{-1} + \sum_{i=1}^{2}\tilde{\theta}_{1(i)}^{\mathrm{T}}\Gamma_{1i}^{-1}\tilde{\theta}_{1(i)} + \sum_{i=1}^{3}\tilde{\theta}_{4(i)}^{\mathrm{T}}\Gamma_{4i}^{-1}\tilde{\theta}_{4(i)}\Big] \quad (10\text{-}37)$$

为了验证容错控制器对车辆的有效性,可以在 MATLAB 中编写程序后对分布式驱动电动汽车系统容错控制进行分析计算,利用 Carsim/Simulink 联合仿真。可以设定试验工况为:在直线行驶和圆周行驶工况上单驱动电机故障;在直线行驶和圆周行驶工况上双驱动电机故障。

运用 Backstepping 方法设计理想的控制信号,引入故障指示函数设计各故障模式下理想的故障补偿控制器,将各故障模式下理想的控制器进行融合得到综合补偿控制器。针对车辆的队列保持和轨迹跟踪问题进行了容错控制方法的分析,可以设计 Backstepping 自适应的容错控制器。

第11章 电动汽车轮毂电机热分析

11.1 轮毂电机热损耗分析
11.2 轮毂电机温度场
11.3 轮毂电机冷却分析
11.4 轮毂电机液冷结构分析

轮毂电机作为电动汽车的核心部件，其性能好坏至关重要，直接影响轮毂电机驱动电动汽车的综合性能。轮毂电机驱动的电动汽车一般采用功率较大的永磁电机，其安装在封闭的狭小空间中，产生的大量热无法及时散发出去，过高的温度会导致轮毂电机退磁，降低其可靠性和安全性，甚至影响整车性能。

11.1 轮毂电机热损耗分析

轮毂电机是通过电磁场将电能转换成电动汽车行驶所需要的机械能的一种装置。在轮毂电机内部，其磁场的分布和相关磁场性能对电机的工作性能影响很大。因此，电磁性能是轮毂电机的关键性能所在，对轮毂电机进行电磁场特性研究具有重要的意义。

大功率轮毂驱动电机在运转时会产生大量的热损耗，其主要包括电机铁芯损耗与绕组损耗等主要发热源损耗，过大的热损耗会产生过高的温升，过高的温升将导致电机运行的精度下降，因而电机的损耗分析是一个至关重要的环节。

轮毂电机的发热主要源于电机各部件所产生的各种热损耗。在电机转子与定子中，通常情况下，变化的电磁场都会在铁芯内产生损耗，即铁芯损耗，其主要包括磁滞损耗与涡流损耗。电机绕组中，电机绕组线圈中流过的电流也会因绕组铜线电阻的存在而产生损耗，即铜耗。在精确计算的情况下，还需考虑电机本身的机械损耗。

电机的热损耗大多被转化为热量，在电机里进行传递，进而改变电机内温度场的分布。轮毂电机的总损耗 P_z 可表示为

$$P_z = P_{Cu} + P_{Fe} + P_{me} + P_{mf} \tag{11-1}$$

式中，P_{Cu} 为绕组铜损耗；P_{Fe} 为铁芯损耗；P_{me} 为永磁体涡流损耗；P_{mf} 为机械损耗。

(1) 轮毂电机定子铁芯损耗

在永磁电机的各类损耗中，铁芯损耗所占的比重较大。铁芯损耗产生原因比较复杂，永磁电机铁芯损耗受到很多因素的影响，如永磁电机磁场频率、硅钢片材料特性和加工制造工艺等。目前，运用最广的是 Bertotti 等人提出的铁芯损耗分离模型，具体表示为

$$P_{Fe} = P_h + P_e + P_{ex} \tag{11-2}$$

式中，P_{Fe} 为永磁电机铁芯损耗；P_h 为永磁电机磁滞损耗；P_e 为永磁电机经典涡流损耗；P_{ex} 为永磁电机附加损耗。

① 永磁电机磁滞损耗：当定子硅钢片铁磁材料放置在不断变化的磁场中时，内部会不间断地消耗能量，其计算式为

$$P_h = fV \oint H dB \tag{11-3}$$

式中，V 为铁芯体积；f 为永磁电机磁场交变频率；$\oint H dB$ 为磁滞回线总面积。

试验表明磁感应强度和磁滞回线的面积存在正比例关系,因而式(11-3)可改写为

$$P_h = C_h f B_m^n \tag{11-4}$$

式中,C_h 为磁滞损耗系数,大小取决于永磁电机硅钢片材料本身。

② 永磁电机经典涡流损耗:由电磁感应定律可知,当定子铁芯中通过的磁场不断发生改变时,铁芯中会产生感应电动势,进而会产生感应电流,最终形成涡流损耗,其计算式为

$$P_e = C_e f^2 B_m^2 \tag{11-5}$$

式中,C_e 为涡流损耗系数。

③ 永磁电机附加损耗:根据电磁感应定律,当铁磁材料磁场发生变化时,铁磁材料会产生感应电流,产生的感应电流也会产生磁场,两种磁场相互作用,进而产生感应涡流,其计算式为

$$P_{ex} = C_{ex} f^{1.5} B_m^{1.5} \tag{11-6}$$

式中,C_{ex} 为永磁电机附加损耗系数。

上述公式是 Maxwell 软件进行铁芯损耗计算的理论基础,根据上述分析,可得永磁电机铁芯损耗计算式为

$$P_{Fe} = P_h + P_e + P_{ex} = C_h f B_m^n + C_e f^2 B_m^2 + C_{ex} f^{1.5} B_m^{1.5} \tag{11-7}$$

上述铁芯损耗计算公式一般适用于磁感应强度波形为正弦波的情况,对于在使用 Maxwell 软件计算时,下述方法更适合。

在瞬时磁滞损耗计算中,磁场强度 H 主要与不可逆场强 H_{irr} 有关,其计算式为

$$P_h(t) = H_{irr} \frac{dB}{dt} \tag{11-8}$$

磁滞损耗计算中,关键是计算出不可逆场强的值,其计算式为

$$\begin{cases} B = B_m \sin\theta \\ H_{irr} = H_m \cos\theta \end{cases} \tag{11-9}$$

式中,H_m 磁场强度最大值;B_m 磁感应强度最大值。

H_m 可以通过式(11-10)计算。

$$H_m = \frac{1}{\pi} k_h B_m \cos\theta \tag{11-10}$$

(2) 轮毂电机绕组铜耗

电机绕组损耗即铜耗,它是电机通电时,绕组导线上所产生的焦耳热,永磁电机由于采用永磁体励磁,因而转子上不再产生绕组损耗,轮毂电机为永磁同步电机,绕组采用星形连接。轮毂电机工作时始终有三相绕组导通,其计算式为

$$P_{Cu} = mI^2 R \tag{11-11}$$

式中,P_{Cu} 为电机铜耗;m 为电机相数;I 为一个周期内的有效相电流;R 为电机在该温度下的电阻。

永磁轮毂电机运行一个周期内的平均相电流,即一个周期内的有效相电流的计算式为

$$I = \sqrt{\frac{\int_0^T i^2 \mathrm{d}t}{T}} \quad (11\text{-}12)$$

式中，T 为周期。

永磁电机在工作过程中，由于各类损耗的存在，导致电机温度不断升高，当温度升高时，电机绕组铜导线电阻率也随之增大，因而电机温升对绕组损耗存在一定影响。

$$R = \rho \frac{I}{s} \quad (11\text{-}13)$$

绕组导线电阻率 ρ 随温度变化的计算式为

$$\rho = \rho_0 [1 + \alpha(t - t_0)] \quad (11\text{-}14)$$

式中，ρ_0 为 t_0 时刻电阻率；α 为导体的温度系数。

图 11-1 所示为永磁轮毂电机在负载工况下，基于 Maxwell 仿真软件的绕组损耗云图，从图中可以知道，对于每相绕组，铜耗并不是一样的，而是呈现一定的规律，这主要是受供电方式的影响，此时 A、B、C 三相电流在同一时刻并不是一致的，所以呈现的云图有不同颜色。

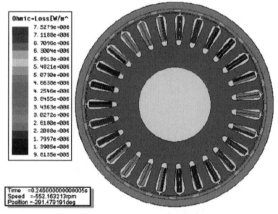

图 11-1 永磁轮毂电机 t 时刻绕组损耗云图

(3) 永磁体涡流损耗

目前，电动汽车轮毂电机中采用的永磁材料主要有铁氧体永磁材料和稀土永磁材料。在稀土永磁材料中，使用最为广泛的是钕铁硼永磁材料和钐钴永磁材料。表 11-1 列出了几种典型永磁材料的性能对比。

表 11-1 几种典型永磁材料的性能对比

材料	优点	缺点
铁氧体永磁材料	矫顽力大、价格低廉、抗去磁能力强	体积大、剩磁密度低
钐钴永磁材料	体积小、耐高温、剩磁密度较高	力学性能差、价格高
钕铁硼永磁材料	抗去磁能力强、矫顽力大、剩磁密度较高	磁性能、热稳定性差

永磁同步轮毂电机为外转子结构，外转子永磁体采用面贴式，N、S 两极错开排列（图 11-2）。

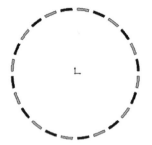

图 11-2　电机外转子永磁体分布

根据电磁感应定律，由于电机外部磁场的交替变化，永磁电机中的永磁体会因磁场的改变而有感应电动势和电流产生，其产生的涡流损耗可用式(11-15)计算。

$$P_{me}=\frac{L_a V k_{me}^2 f_{me}^2 B_{me}^2 L_b^2}{12\rho_1(L_a+L_b)} \tag{11-15}$$

式中，L_b 为永磁体轴向长度；L_b 为永磁体径向宽度；f_{me} 为磁场交变频率；V 为永磁体体积；k_{me} 为电动势比例常数；ρ_1 为永磁体电阻率；B_{me} 为永磁体最大磁感应强度。

(4) 机械损耗

永磁电机机械损耗主要包括摩擦损耗与通风损耗两种。在电机的所有损耗中，机械损耗所占比例较小，其精确计算也较难。通常，在计算时采用经验公式取近似值。

摩擦损耗 P_f 的计算式为

$$P_f=0.15\frac{F}{d}v_f\times 10^{-5} \tag{11-16}$$

式中，F 为永磁电机轴承载荷；d 为永磁电机轴承中心直径；v_f 为永磁电机轴承中心圆周速度。

通风损耗 P_v 的计算式为

$$P_v=k_v\left(\frac{v_f}{10}\right)^2 q_0 \tag{11-17}$$

式中，k_v 为经验系数，一般取 0.175~0.185；q_0 为通风量；v_f 为转子圆周速度。

11.2　轮毂电机温度场

电动汽车在行驶过程中，轮毂电机的定子铁芯、绕组等电机主要部件在不断地产生损耗，损耗转换成热能，使电机温度不断升高。电机各类损耗是导致电机温度升高的根本原因，电机各类损耗所产生的过高温升会导致电机永磁体退磁、绝缘层老化等不良后果。

11.2.1 轮毂电机温度场传热分析

通常情况下，可将热传递分为热传导、热辐射以及热对流。

热量从温度高的物体传递到温度低的物体，或者从物体内部温度高的部分传到物体内部温度低的部分，将这种热传递称为热传导。根据相关定律其计算式为

$$Q = -\lambda A \frac{\mathrm{d}T}{\mathrm{d}x} \tag{11-18}$$

式中，Q 为热流量；λ 为材料的热导率；A 为导热面积；$\frac{\mathrm{d}T}{\mathrm{d}x}$ 为物体的温度梯度。

热对流是指位于高温物体表面的气流因受热膨胀向上升，而密度相对较大的冷气流则下降，从而产生了对流现象。热对流的数学物理方程为

$$\begin{cases} \dfrac{\partial \rho}{\partial t} + \rho \left(\dfrac{\partial u_x}{\partial t} + \dfrac{\partial u_y}{\partial t} \right) = 0 \\ \rho \dfrac{\partial u}{\partial t} = -\nabla p + \eta \nabla^2 u + f \end{cases} \tag{11-19}$$

式中，$\eta \nabla^2 u$ 为流体的黏性力；f 为体积力。

对于稳态流体热对流，其流体运动微分方程为

$$\begin{cases} \rho \left(u_x \dfrac{\partial u_x}{\partial x} + u_y \dfrac{\partial u_y}{\partial y} \right) = \rho g_x - \dfrac{\partial \rho}{\partial x} + \eta \left(\dfrac{\partial^2 u_x}{\partial x^2} + \dfrac{\partial^2 u_y}{\partial y^2} \right) \\ \rho \left(u_x \dfrac{\partial u_x}{\partial x} + u_y \dfrac{\partial u_y}{\partial y} \right) = \rho g_y - \dfrac{\partial \rho}{\partial y} + \eta \left(\dfrac{\partial^2 u_y}{\partial x^2} + \dfrac{\partial^2 u_y}{\partial y^2} \right) \end{cases} \tag{11-20}$$

对于自然流体热对流，其流体运动微分方程为

$$\begin{cases} \rho \left(u_x \dfrac{\partial u_x}{\partial x} + u_y \dfrac{\partial u_y}{\partial y} \right) = \rho g_x rt - \dfrac{\partial \rho}{\partial x} + \eta \left(\dfrac{\partial^2 u_x}{\partial x^2} + \dfrac{\partial^2 u_y}{\partial y^2} \right) \\ \rho \left(u_x \dfrac{\partial u_x}{\partial x} + u_y \dfrac{\partial u_y}{\partial y} \right) = \eta \left(\dfrac{\partial^2 u_y}{\partial x^2} + \dfrac{\partial^2 u_y}{\partial y^2} \right) \end{cases} \tag{11-21}$$

热辐射是指物体以电磁波为介质，通过收集其他物体发射的电磁波能量，转化为自身热能的过程，可用斯蒂芬-波尔兹曼公式来表达，即

$$Q = \varepsilon A \sigma T^4 \tag{11-22}$$

式中，ε 为物体发射率；A 为辐射表面积；T 为黑体的热力学温度；σ 为波尔兹曼常数；Q 为物体本身向外辐射的热量。

对永磁轮毂电机的热仿真分析，一般情况下，有以下三种边界条件。

① 第一种边界条件：给出物体边界上的温度值，其表达式为

$$T \mid S_1 = T_0 \tag{11-23}$$

式中，S_1 为边界面；T_0 为随时间变化的温度值。

② 第二种边界条件：已知热流密度值，其表达式为

$$\left. \frac{\partial T}{\partial n} \right|_{S_2} = -\frac{q_0}{\lambda} \tag{11-24}$$

式中，q_0 为边界 S_2 的热流密度值。

③ 第三种边界条件：已知散热系数 α 与相关流体温度 T_f，则第三种边界条件表达式为

$$q = \alpha(T - T_f) \tag{11-25}$$

第三类边界条件也可用式(11-26) 表达。

$$-\lambda \left.\frac{\partial T}{\partial n}\right|_{S_3} = \alpha(T - T_f) \tag{11-26}$$

式中，α 和 T_f 是位置的函数。

11.2.2 轮毂电机温度场分析

(1) 电磁热耦合场的分析

通常情况下，对电机进行有限元温度场耦合分析包括了单向耦合和双向耦合两种方法。在单向耦合中，把分析计算得到的各类损耗作为电机温度场仿真计算的初始条件。单向耦合分析原理框图如图 11-3(a) 所示。在双向耦合中，电机的电磁场和温度场的计算同时进行，两者之间不断地相互交换数据，并不断地进行反复迭代，直到电机仿真完成，因此双向耦合的精度高于单向耦合。双向耦合分析原理框图如图 11-3(b) 所示。

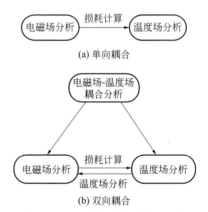

图 11-3 电磁热耦合场分析原理框图

(2) 轮毂电机温度场计算模型

轮毂电机中电机各部件因其热损耗而生成大量的热，其中大部分分布在轮毂电机的内部，例如绕组和定子铁芯中。通常只考虑热传导与热对流的散热作用，轮毂电机散热微分方程为

$$\begin{cases} \lambda_x \dfrac{\partial^2 T}{\partial x^2} + \lambda_y \dfrac{\partial^2 T}{\partial y^2} + q = c\rho \dfrac{\partial T}{\partial x} \\ -\lambda \left.\dfrac{\partial T}{\partial n}\right|_{S_1} = 0 \\ -\lambda \left.\dfrac{\partial T}{\partial n}\right|_{S_2} = \alpha(T_1 - T_e) \end{cases} \tag{11-27}$$

式中，λ_x 为电机各介质沿 x 方向的热导率；λ_y 为电机各介质沿 y 方向的热导率；T 为电机内温度；q 为电机热源；ρ 为介质密度；c 为比热容；λ 为边界面 S_1、S_2 的法向导热率；S_1 为电机第二类边界条件；S_2 为电机第三类边界条件；α 为边界面 S_2 上的散热系数；T_e 边界面 S_2 周围介质的温度；T_1 为边界面 S_1 上的温度。

根据变分定律，式(11-27)可等价于

$$\begin{cases} F(T) = \iint_\Omega \left\{ \frac{1}{2}\left[\lambda_x \left(\frac{\partial T}{\partial y}\right)^2\right] + \frac{1}{2}c\rho T \frac{\partial T}{\partial \tau} - qT \right\} \mathrm{d}\Omega + \frac{1}{2}\alpha \int_{S_2} (T - 2T_e)T \mathrm{d}S = \min \\ T|_{S_1} = T_1 \end{cases}$$

(11-28)

对于永磁轮毂电机来说，其内部热传递过程较为复杂，为了简化分析过程，进行以下一系列假设：电机轴向的温度梯度为零；各部分的传导材料都为各向同性；绝缘层等效为一个导热体，铜线等效为另一个导热体；不考虑电机内部辐射。

(3) 散热系数计算

轮毂电机各部件散热系数的准确计算对电机温度场的仿真分析计算至关重要，表面散热系数的计算相对较复杂，通常使用经验公式进行计算。

① 定子铁芯端面散热系数

$$\alpha = \frac{1 + 0.04v}{0.045} \tag{11-29}$$

式中，v 为轮毂电机转子外径线速度。

② 轮毂电机机壳表面散热系数

$$\alpha = 14(1 + 0.5\sqrt{t})^3 \sqrt{\frac{T_0}{25}} \tag{11-30}$$

式中，T_0 为机座外壳的空气温度；t 为机座内壁温度。

③ 轮毂电机转子端面散热系数

$$\alpha_\gamma = 28(1 + \sqrt{0.45v}) \tag{11-31}$$

④ 轮毂电机定、转子间隙散热系数 对轮毂电机进行温度场求解时，位于电机定子和转子之间的空气处于一种流动的状态，气隙对于电机内部传热有较大的影响，因而非常有必要考虑电机定、转子间的气隙，对气隙进行等效处理。

外转子轮毂电机气隙中空气的雷诺数为

$$Re = \frac{\omega_{\varphi 1}\delta}{\tau} \tag{11-32}$$

$$Re_{cr} = 41.2\sqrt{\frac{D_{i2}}{\delta}} \tag{11-33}$$

式中，$\omega_{\varphi 1}$ 是电机转子的圆周速度；δ 是电机气隙长度；τ 是空气运动黏度系数；D_{i2} 为定子内径。

当 $Re < Re_{cr}$ 时，则气隙空气流动可以判断为层流，气隙等效热导率约等于空气的热导率；当 $Re > Re_{cr}$ 时，则气隙空气流动可以判断为紊流，此时，定、

转子之间气隙等效热导率的计算式为

$$\lambda_{eq} = 0.0019\eta^{-2.9084} Re^{0.4614\ln(3.33361\eta)} \quad (11-34)$$

式中，$\eta = D_1/D_{i2}$；D_1 为转子外径。

(4) 额定功率时额定转速工况下温度场计算分析

对轮毂电机电磁场-温度场进行不同工况下的耦合仿真，首先应建立电机的二维模型，设置电机各主要部件的材料参数，并对二维模型进行网格划分，对电机二维模型设置合理的仿真步长与边界条件；其次，将仿真得到的各类主要损耗耦合到 AnsysWB 瞬态温度场模块，进行不断的迭代，求出电机在瞬态温度场的分布云图。图 11-4 所示为电机电磁场-温度场耦合分析的具体流程。

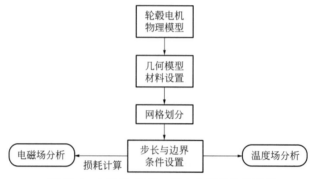

图 11-4　电磁场-温度场耦合分析的具体流程

11.3　轮毂电机冷却分析

电动汽车永磁轮毂电机具有功率高、电流大和输出转矩大的特点，这将导致轮毂电机损耗及温度增加、效率降低。轮毂电机狭小且密闭的安装方式，容易导致轮毂电机因温度过高而产生故障。在永磁轮毂电机电磁结构既定的情况下，电机的温升及可靠性主要取决于冷却方式。

电动汽车用驱动电机的功率越来越大，电机尺寸也越来越小，电机散热环境恶劣，带来了严重的温升问题。改善电机冷却结构，是大功率高性能电动汽车迫切要解决的问题。电机冷却方式主要包括以下两种。

(1) 风冷

这种冷却方式广泛用于小功率电机上，主要是通过电机运行过程中产生的空气流动对电机进行冷却，结构较为简单，成本也较低。强迫风冷一般是在电机上加装散热风扇，通过风扇带动空气流动，达到冷却散热的目的（图 11-5）。自然风冷一般不采取任何措施，仅靠电机自身进行散热。对于高功率电机来说，风冷难以满足其需求。

(2) 液冷

目前，液冷主要包括水冷、油冷和混合溶液冷却等，图 11-6 所示为一种轮毂电机冷却液内循环。

图 11-5 电机强迫风冷冷却结构

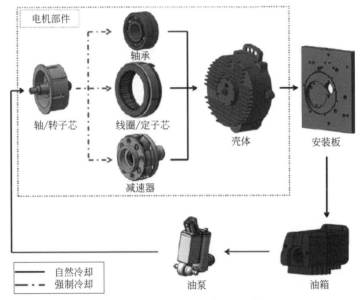

图 11-6 轮毂电机冷却液内循环

水的热导率和比热容较高，水冷的冷却效果较好，成本低，无污染，是一种应用较为广泛的冷却方式。目前，一般的中小型电机一般采用外定子水冷方式，常见的做法是在电机外壳中设置各种形状的水道对电机进行冷却，常见的水道类型有轴向水道、螺旋（周向）水道、多并联结构水道等，其中轴向水道几乎没有轴向温度差，螺旋水道较平滑，阻力较低，多并联结构水道冷却效果较好。此外，也可以看到内定子水冷的方式，即对外转子电机内定子进行冷却，在电机定子机架上设置不同形状的冷却水道。

水的沸点较低且凝固点也高，水冷容易受到环境的影响，同时水冷也较容易产生水垢，造成电机腐蚀。因此经常用混合溶液来代替水，混合溶液克服了水冷的缺点，其凝固点较低，能适应较为寒冷的气候条件，同时也不容易产生水垢，这种冷却液应用较为广泛。

与水相比，油的绝缘性能好。油冷通常是把冷却油直接灌入电机机壳的冷却管路内进行冷却，也有的直接把油灌入电机内部对绕组进行冷却，但这种冷却方式也存在一定的缺点，如将冷却油直接灌入电机内部，由于油具有一定的黏滞性，存在一定的摩擦，降低了电机的效率。

与风冷相比较，液冷的冷却能力更强，适用于高功率密度、高转矩且结构紧凑的驱动电机，液冷的缺点也比较突出，如需要加装循环水泵，制造较困难，成本高，且存在漏液的风险。

11.4 轮毂电机液冷结构分析

11.4.1 轮毂电机液冷管道结构

轮毂电机冷却液道的设计对于电机的冷却效果至关重要，不合理的设计将会导致电机冷却效果大打折扣，轮毂电机的冷却液道设计应满足如下设计要求。

① 液道中液体与轮毂电机的接触面应尽可能大。
② 应尽可能把液道设计得平滑些，以减少流动过程中液体的阻力。
③ 冷却液道表面热导率应尽可能大一些，以提高其散热能力。
④ 尽量使用热导率相对较大的液体作为冷却介质。
⑤ 冷却液道使用安全、稳定并易于维护。

每种冷却结构都其有不同的优缺点，在工程实际中，常需根据不同的实际情况来选择合适的冷却结构。

轴向结构的冷却液道分布在电机的轴向，由许多轴向平行的隔板组成，冷却液沿着管道流动，与电机接触面积较大，散热效果较好，结构较简单，制造工艺较方便。缺点是轴向管道的弯折处较多，水流阻力大，因此压力在冷却液流动过程中损失较大。

周向结构的冷却液道绕着电机外壳方向布置，冷却液沿着液道依螺旋方向流动。主要优点是冷却液管道弯折处较少，因此冷却液压力损失较小，散热性能较好。缺点是冷却液在进、出口温差较大，从而造成较大的温度梯度。

周向结构的冷却液道安装在轮毂电机定子内侧的机架上，其三维模型如图 11-7 所示。

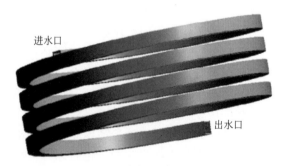

图 11-7　冷却液道三维模型

11.4.2 液体冷却结构进、出口压差分析

对于电动汽车轮毂电机来说，冷却液道的液阻大小是衡量冷却液道设计是否合理的重要因素之一。一般来说，液体流过的路程与管道的截面尺寸是影响沿程阻力的主要因素，其计算式为

$$h_f = \lambda_f \frac{u^2}{d_e} \times \frac{L_z}{2g} \tag{11-35}$$

式中，h_f 为沿程阻力；L_z 为管道总长度；λ_f 为截面尺寸变化阻力系数；d_e 为管道的水力直径；u 为冷却液流速；g 为重力加速度。

管道的结构设计形式很大程度上决定了冷却液道的阻力大小，液体阻力大小是衡量冷却液道散热能力的一个重要指标，而液道弯折数量是影响局部阻力的关键因素之一。弯折阻力系数与弯折角度的关系见表 11-2。

表 11-2 弯折阻力系数与弯折角度的关系

$\theta/(°)$	30	40	50	60	70	80	90
ζ	0.2	0.3	0.4	0.5	0.6	0.7	0.8

局部阻力计算式为

$$h_x = 2(n-1) \frac{\zeta u^2}{2g} \tag{11-36}$$

式中，h_x 为局部阻力；n 为液道弯折数量；ζ 为液道弯折阻力系数。

液道的总阻力计算式为

$$h_z = h_f + h_x \tag{11-37}$$

流体压差的计算式为

$$p = \rho g h \tag{11-38}$$

式中，p 为液道进、出口的压差；h 为液注的高度。

11.4.3 冷却管道冷却液流速确定

电机为外转子轮毂电机，轮毂电机稳定工作时，其自身损耗发热与散热达到了热平衡状态，冷却系统作为电机主要散热系统，若轮毂电机产生的所有热量全部由冷却液带走，当液道进、出口温差为 ΔT 时，由经验公式可计算出冷却系统液体流量和流速，其计算式如下。

$$P_{loss} = m c_p \Delta T = m c_p (T_{out} - T_{in}) \tag{11-39}$$

$$m = u \rho \frac{\pi d^2}{4} \tag{11-40}$$

$$P_{loss} = u \rho \frac{\pi d^2}{4} c_p (T_{out} - T_{in}) \tag{11-41}$$

式中，P_{loss} 为轮毂电机热源总损耗；T_{out} 为液道出口温度；T_{in} 为液道进口温度；c_p 为液体比热容；ρ 为液体密度；u 为流体流速；m 为流体流量；

d 为管道直径。

11.4.4 冷却系统流场模型

冷却液体的流动状态将直接影响冷却系统的冷却效果,要确定液体的状态是湍流还是层流,通常利用雷诺数进行区分。

$$Re = \frac{ud}{\nu} \tag{11-42}$$

$$d = \frac{4A_s}{C_s} \tag{11-43}$$

式中,Re 为液体的雷诺数;ν 为液体运动黏度;A_s 为管道横截面积;C_s 为湿周。

对轮毂电机冷却液道内冷却介质进行流体特性仿真分析,首先要基于流体动力学基本理论,建立控制方程,确定湍流模型;其次建立三维求解模型,并对模型进行网格划分,确定边界条件和初始条件,及其控制参数;最后对计算结果进行后处理,不断进行迭代求解得出相关云图。其具体流程如图 11-8 所示。

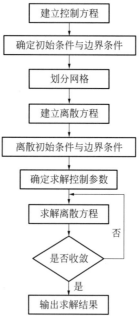

图 11-8 CFD 求解流程

参考文献

[1] 郑师虔. 四轮独立驱动轮毂电机电动汽车纵向驱动控制研究 [D]. 镇江: 江苏大学, 2018.
[2] 孟腾飞. 四驱轮毂电机电动汽车驱动转矩控制策略研究 [D]. 镇江: 江苏大学, 2018.
[3] 侯赛因. 纯电动及混合动力汽车设计基础: 第2版. [M]. 林程, 译. 北京: 机械工业出版社, 2012.
[4] 李勇, 徐兴, 等. 轮毂电机驱动技术研究概况及发展综述 [J]. 电机与控制应用, 2017, 44.
[5] 电动汽车动力性能试验方法: GB/T 18385—2005 [S].